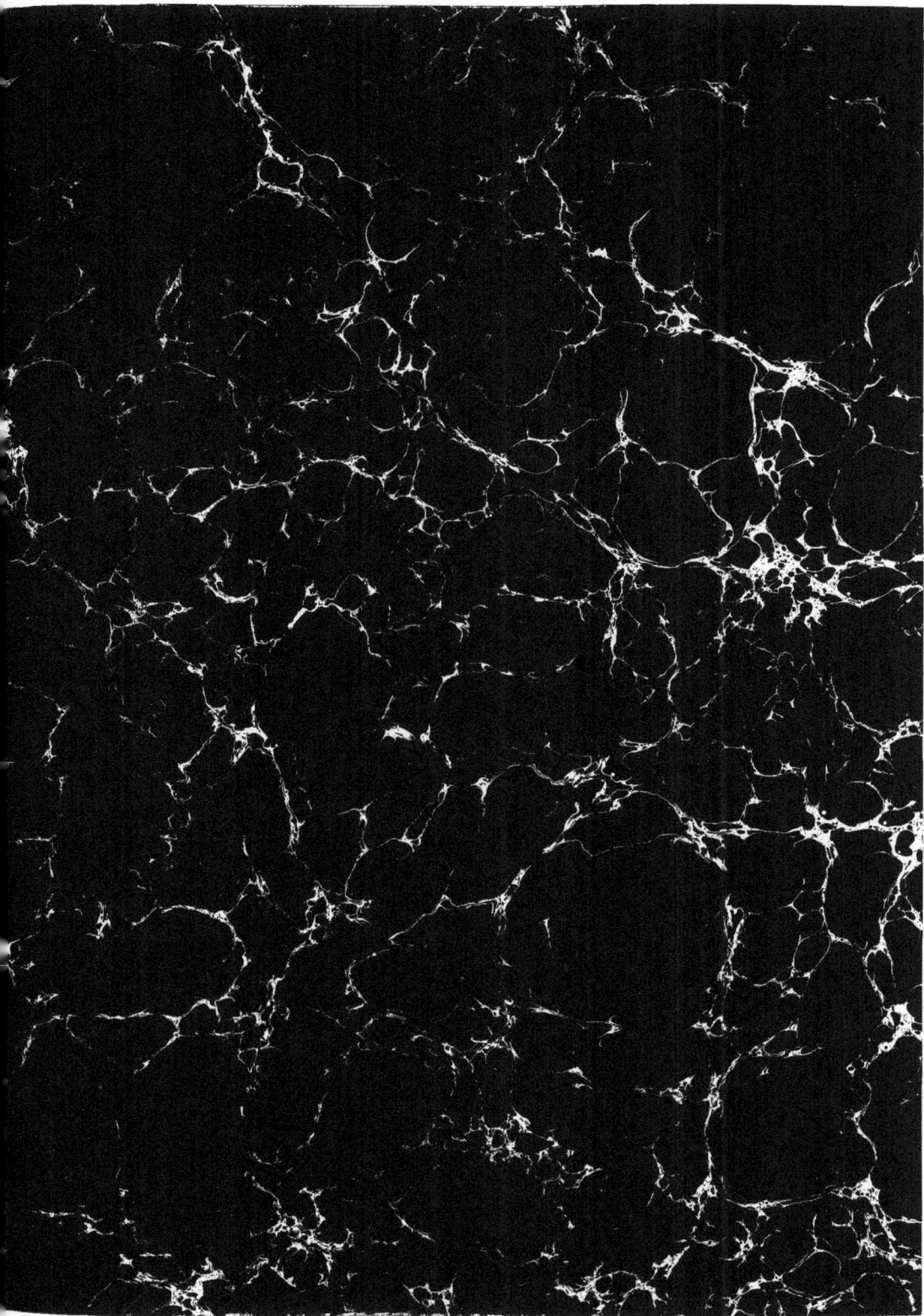

LES

TRAVAUX PUBLICS

DE LA FRANCE

———

TOME TROISIÈME : RIVIÈRES ET CANAUX

EAUX DES VILLES — IRRIGATIONS ET ASSAINISSEMENT DES TERRES

LES
TRAVAUX PUBLICS
DE LA FRANCE

ROUTES ET PONTS — CHEMINS DE FER — RIVIÈRES ET CANAUX
PORTS DE MER — PHARES ET BALISES

PAR

MM. F. LUCAS ET V. FOURNIÉ — ED. COLLIGNON — H. DE LAGRENÉ
VOISIN BEY — E. ALLARD

OUVRAGE PUBLIÉ SOUS LES AUSPICES

DU MINISTÈRE DES TRAVAUX PUBLICS

ET SOUS LA DIRECTION DE

M. LÉONCE REYNAUD
Inspecteur général des Ponts et Chaussées

TOME TROISIÈME : RIVIÈRES ET CANAUX

EAUX DES VILLES — IRRIGATIONS ET ASSAINISSEMENT DES TERRES

PAR

H. DE LAGRENÉ
Ingénieur en Chef des Ponts et Chaussées

AVEC 50 PLANCHES PHOTOTYPÉES, 109 GRAVURES ET UNE CARTE EN CHROMOLITHOGRAPHIE

PARIS
J. ROTHSCHILD, ÉDITEUR
13, RUE DES SAINTS-PÈRES, 13

M DCCC LXXXIII

CLASSEMENT DU TEXTE ET DES PLANCHES

TEXTE : Faux titre et titre; feuilles 1 à 28.

PLANCHES : 1 à 50 à classer d'après l'explication des planches (voir texte page 103); — — *Carte de la Navigation*.

Il y a également deux cartes : « *Distribution des Eaux de Paris* », formant la Figure 54, qui est à placer en face la page 16 et une autre, la Figure 59, intitulée « *Les Égouts de Paris* », qui est à mettre en face la page 72.

RIVIÈRES ET CANAUX

— — —

INTRODUCTION

Avant de décrire les travaux qui ont l'EAU pour objet, il ne sera pas sans intérêt de rappeler très-sommairement quelques-unes des lois naturelles qui président à sa formation, à son écoulement et à son renouvellement.

La surface des mers occupe environ les trois quarts du globe terrestre; sous l'action de la chaleur solaire cette immense surface liquide produit continuellement des vapeurs qui, emportées par le vent sous forme de nuages, se condensent en pluie ou en neige lorsqu'elles subissent un refroidissement.

La pluie reçue par l'écorce solide du globe y pénètre en partie, suivant que le sol est plus ou moins perméable; elle alimente ainsi les sources et forme une réserve sans laquelle les cours d'eau seraient taris pendant les mois secs de l'année. Une autre partie s'écoule à la surface de la terre et retourne directement à la mer en suivant les vallées que dessinent successivement les ruisseaux, les rivières et les fleuves; et, au passage de ces courants bienfaisants, tout ce qui vit vient chercher la quantité de liquide nécessaire à son existence.

L'observation montre que le niveau moyen des mers ne varie pas d'une manière sensible; il existe donc un équilibre merveilleux entre le volume d'eau enlevé continuellement par évaporation à la surface des mers et celui qui est rendu par la pluie et par les fleuves.

Si cet équilibre n'existait pas la mer changerait nécessairement ses limites, laissant à sec de nouvelles plages ou envahissant une partie du littoral jusqu'à ce que le rapport entre les surfaces occupées par la terre et par l'eau ait rétabli l'égalité entre le volume évaporé et le volume restitué.

La quantité d'eau qui tombe pendant un an sur tout notre globe atteint une hauteur moyenne de $1^m,15$. Telle est la masse liquide, à peu près constante, qui, d'une manière continue, accomplit son cycle annuel de la mer à l'atmosphère, puis de l'atmosphère à la terre et à la mer en entretenant la vie sur son passage.

« Tous les fleuves vont à la mer et la mer ne déborde pas; et ils reviennent aux lieux d'où ils sont sortis pour couler de nouveau. » (Salomon, dans *l'Ecclésiaste*, chap. 1, verset 7.)

L'agent producteur de cet énorme travail mécanique n'est autre que la chaleur solaire. La conservation du niveau des mers et de la hauteur moyenne annuelle de la pluie nous confirme donc dans la pensée rassurante que nous ne sommes pas encore entrés dans la période de refroidissement du soleil, période redoutable, mais heureusement problématique jusqu'à présent.

Passons maintenant en revue les diverses natures de travaux qui ont pour objet l'usage des eaux.

L'EAU coulant dans un lit naturel ou artificiel peut servir au transport des marchandises; elle constitue alors l'un des éléments de la *navigation intérieure*.

Au moyen de rigoles à ciel ouvert ou souterraines, de siphons ou d'aqueducs qui sont parfois des monuments d'une grande importance, elle franchit les vallées, traverse les faîtes, et vient assurer l'*alimentation* ainsi que l'*assainissement des villes*.

Dérivée vers les terrains situés à un niveau inférieur, elle y apporte la fertilité par les *irrigations* et les *colmatages*.

Quand elle manque d'écoulement elle occupe des surfaces improductives ou insalubres que l'on améliore par le *desséchement* et le *drainage*. Enfin, si l'eau menace de sortir de son lit naturel, il faut, dans certains cas, une protection contre les *inondations*.

On peut réunir sous le nom d'*hydrotechnie* ces diverses branches de l'art de l'ingénieur.

Notre travail comprend quatre parties principales qui correspondent aux grandes divisions que nous venons d'indiquer, sous les titres de : Navigation intérieure ; Alimentation et assainissement des villes ; Irrigation et Colmatages ; Desséchements, Drainages, Inondations.

Nous faisons connaître ensuite les faits statistiques les plus importants relatifs à ceux de ces grands travaux qui ont été exécutés en France, et nous terminons par l'explication des planches annexées à l'ouvrage.

Nous nous sommes efforcé de présenter sous une forme mise à la portée de tout le monde l'état actuel de nos connaissances en ce qui concerne ces matières.

CHAPITRE PREMIER

HISTORIQUE DE LA NAVIGATION INTÉRIEURE EN FRANCE

FLOTTAGE. — C'est au moyen du flottage que l'eau fut d'abord utilisée pour le transport du bois et de quelques marchandises.

Le flottage à bûches perdues consiste à confier au cours de l'eau des pièces de bois isolées et à les suivre jusqu'au port où l'on doit les recueillir soit pour les employer, soit pour les réunir aux trains qui seront eux-mêmes livrés au courant et conduits à des ports plus éloignés.

La nature nous a donné l'exemple de ce mode de transport encore employé sur les petits cours d'eau qui viennent se jeter dans les rivières navigables après avoir traversé des pays boisés.

L'usage des trains flottés paraît remonter à une haute antiquité, il était connu des Tyriens et des Romains bien avant l'ère chrétienne. A une époque où il n'y avait pas encore de routes, le flottage en trains a pu assurer l'approvisionnement de bois des grandes villes, et une ordonnance de Charles VI, de février 1415, règle diverses formalités à remplir avant de déchirer les trains de bois de menuiserie qui arrivaient à Paris; cependant, ce n'est qu'environ cent ans plus tard, en 1547, que les trains de bois à brûler y firent leur première apparition.

A partir de cette époque, le flottage fut facilité et protégé par des travaux et par des ordonnances qui ont pu hâter, sur certains cours d'eau, l'avènement de la navigation en bateau.

C'est pour le passage des flottes de bois qu'a été imaginée la navigation par éclusées dont nous parlerons un peu plus loin.

Après avoir rendu de grands services, le flottage est destiné à disparaître peu à peu pour faire place au transport en bateau.

Les rivières canalisées conviennent peu à la marche des trains de bois, le courant y est trop faible et la profondeur trop forte, enfin l'immersion prolongée du bois à brûler lui enlève une partie de ses qualités.

NAVIGATION EN BATEAU. — L'industrie batelière paraît fort ancienne; elle a dû prendre naissance lorsque les populations se sont groupées le long des cours d'eau pour y fonder des villes, et l'on retrouve des débris de canots dans les tourbes qui datent de la fin de la période quaternaire. Cette industrie était déjà très-développée dans les Gaules pendant l'occupation romaine.

Les premiers travaux de canalisation sur le sol devenu français sont attribués à Marius, qui, cent trois ans avant Jésus-Christ, fit creuser par ses soldats une dérivation du Rhône allant d'Arles au golfe de Foz. Cette dérivation n'était autre chose qu'un chenal ouvert à travers les étangs qui bordaient le fleuve [1].

Les renseignements nous font ensuite défaut jusqu'au commencement du xvᵉ siècle. A cette époque nous trouvons des corporations batelières établies sur la Seine, sur la Loire, sur le Rhône, sur la Saône et sur la Moselle. Les voies de terre étant peu praticables, c'est par eau que devaient circuler la plupart des objets de première nécessité.

En 1402, Charles VI autorisa la corporation des bateliers de la Loire à percevoir un péage.

En 1482, Louis XI affecta le produit de ce péage à l'entretien du fleuve, et en 1498 le même

---

1. L'*Étude sur les voies de communication de la France*, par M. Lucas, nous a fourni la plupart des renseignements historiques qui vont suivre.

mode de taxe et d'entretien fut étendu par Charles VIII à toutes les voies navigables du royaume. Les travaux étaient alors effectués par les corporations dont nous venons de parler; ils consistaient principalement dans l'enlèvement des obstacles qui encombraient les passes, dans l'établissement des chemins de halage et dans le balisage des endroits dangereux.

Cette organisation dura jusqu'en 1508, époque à laquelle une ordonnance royale amena l'intervention des trésoriers de France, et soumit à leur contrôle les voies navigables.

INVENTION DES ÉCLUSES. — L'invention des écluses, importée d'Italie en France, par Léonard de Vinci, sous le règne de François Ier, fut le point de départ des grands travaux qui ont réellement créé la navigation intérieure, non-seulement en rendant possible la fréquentation des rivières jusque-là restées impraticables, mais encore en permettant de les relier par des canaux artificiels susceptibles de franchir les chaînes de montagnes.

CANAL DE BRIARE (1605). — C'est à la France que revient l'honneur d'avoir conçu et exécuté le premier de ces canaux nommés *à point de partage*, parce qu'ils sont tracés suivant des versants qui appartiennent à divers bassins, et qu'ainsi leurs eaux sont partagées entre ces bassins.

Le canal de Briare, auquel nous venons de faire allusion, a opéré la jonction de la Seine et de la Loire; commencé en 1605, aux frais du roi, sous l'administration de Sully, il fut interrompu à la mort de Henri IV, en 1610. L'achèvement eut lieu en quatre ans, au moyen d'une concession faite en 1638 à Guillaume Bouteroux et Jacques Guyon.

CONCESSIONS DIVERSES DE 1638 A 1789. — La pénurie du trésor royal et le succès obtenu par la concession du canal de Briare motivèrent bientôt l'emploi du même procédé financier pour la création d'autres canaux.

Des particuliers s'engageaient envers l'État à exécuter les ouvrages à leurs risques et périls. On les investissait, en conséquence, d'un véritable droit d'expropriation, à charge par eux d'indemniser les propriétaires; on les autorisait à percevoir sur les voies navigables qu'ils ouvraient ou amélioraient des droits de péage soit temporaires, soit perpétuels; souvent on leur accordait, en outre, des privilèges honorifiques.

Plusieurs de ces concessions faites de 1632 à 1635 sur les rivières de l'Ourcq, de Chartres, de Dreux, d'Étampes, de l'Ardèche, de la Marne, de la Blaise, etc., paraissent être restées sans effet.

Colbert s'attacha à de plus grandes œuvres et sut obtenir des résultats sérieux. Il fit exécuter le canal du Languedoc destiné à relier l'Océan à la Méditerranée. Ce beau travail dont Riquet est le créateur lui fut adjugé en 1666. Sur un devis de sept millions, l'État prenait à sa charge, sauf subvention de la province du Languedoc, le payement des indemnités de terrains et les trois quarts de la dépense. Ce canal fut terminé en 1684, quatre ans après la mort de Riquet auquel son fils avait succédé dans l'entreprise.

Des lettres patentes de 1675 concédèrent à M. de Solas, à charge par lui d'en opérer la canalisation, la partie du Lez qu'on nomme aujourd'hui canal de Grave. Cette concession était faite à titre perpétuel.

Un édit de mars 1679 concéda au duc d'Orléans, frère de Louis XIV, le canal d'Orléans, qui fut terminé en 1692.

En même temps Colbert frappait d'une imposition de 67,000 livres les élections de Montauban, Cahors et Figeac pour achever les écluses du Lot (1679), et il demandait 120,000 livres aux généralités de Bordeaux et de Limoges pour améliorer l'Isle et la Vézère.

Peu de temps après la mort de Colbert, de 1702 à 1708, de nouvelles concessions furent faites pour l'amélioration de la Loire, de l'Eure et du Clain, mais il ne reste aucune trace des travaux qui ont dû en être la conséquence.

En 1718, on fit une tentative pour la concession d'un canal destiné à conduire la Durance à Marseille, mais on ne put réunir que peu de souscriptions, et le projet fut ajourné.

Les entreprises des canaux du Loing et de Saint-Quentin à Chauny eurent plus de succès. Le canal du Loing, concédé à titre perpétuel au duc d'Orléans en 1719, fut livré au commerce en 1724. Le canal de Saint-Quentin à Chauny, concédé en 1732 au sieur Crozat, fut ouvert en 1738.

L'administration faisait en même temps visiter les cours d'eau, étudiait les améliorations les plus urgentes, et, par des arrêts des 13 janvier 1733 et 13 mars 1736, elle réglementait l'entretien des rivières des généralités d'Auch, de Bordeaux et de Montauban.

En 1736, Trudaine fit procéder au curage et à l'endiguement de l'Escaut entre Valenciennes et Cambrai au moyen d'une imposition de 69,000 livres, prélevée sur la province du Hainaut.

En 1752, on concéda le Tarn et la Vire à un ingénieur-géographe nommé Bourroul, qui avait présenté les projets d'amélioration de ces rivières.

Un canal de Rive-de-Gier à Givors fut concédé en 1760 à un nommé Zacharie, horloger à Lyon.

Peu après la mort de Trudaine (1769), on commença, aux frais du Trésor, le prolongement du canal Crozat depuis Saint-Quentin jusqu'à la Somme, mais ces travaux furent suspendus en 1773.

Sous Louis XVI, en 1776, on essaya de prolonger la navigation de la Charente, en amont de Cognac, au moyen d'écluses à sas.

En 1783, les états de Bourgogne entreprirent à leurs frais trois canaux à point de partage, savoir :

Celui du Charolais (aujourd'hui canal du Centre), concédé par un édit de janvier, enregistré en mars 1783;

Celui de Bourgogne, concédé par un édit de septembre;

Et celui de Franche-Comté (partie du canal du Rhône au Rhin comprise entre la Saône et le Doubs). La dépense de ce dernier canal devait incomber pour un tiers au duché de Bourgogne et pour deux tiers à la Franche-Comté.

En 1783, on commençait le canal du Nivernais.

ORDONNANCES POUR PROTÉGER LA NAVIGATION. — En même temps que s'exécutaient ces divers travaux, le gouvernement rendait des ordonnances destinées à protéger la navigation. Les plus importantes sont indiquées ci-dessous.

L'ordonnance de 1669 déclare que tous les fleuves et rivières portant naturellement bateaux font partie du domaine de la couronne; elle établit sur les rives la servitude du halage.

L'ordonnance de 1672, spécialement applicable au bassin de la Seine, interdit de détourner l'eau des ruisseaux et rivières, de tirer du sable ou autres matériaux à moins de 6 toises du rivage, de mettre aucun empêchement au passage des bateaux et trains, fixe la dimension minimum des pertuis ouverts ou à ouvrir dans les barrages des moulins, règle l'ouverture de ces pertuis pour les besoins de la navigation, interdit de jeter des immondices dans les rivières, prescrit de retirer les bateaux échoués, règle le service des maîtres de ponts et de pertuis, etc.

L'ordonnance de 1777 confirme les deux précédentes et assujettit les propriétaires des îles à fournir au besoin le terrain nécessaire aux chemins de halage et de contre-halage; elle établit ensuite diverses mesures de police.

Outre ces ordonnances, qui forment encore aujourd'hui la base du code de police de nos fleuves et rivières, on trouve dans les archives un grand nombre d'arrêts, de lettres patentes ou de règlements s'appliquant à divers cours d'eau en particulier et témoignant de toute la sollicitude du gouvernement royal pour la navigation.

RÉVOLUTION DE 1789. — Presque tous les travaux furent interrompus par la Révolution de 1789.

Le décret du 15 janvier 1790, abolissant les administrations provinciales et divisant la France en départements, réunit au domaine public toutes les voies navigables qui appartenaient aux états.

En 1791, les canaux d'Orléans et du Loing furent confisqués au profit de la nation; l'année suivante, la part dévolue dans le canal du Languedoc à la famille de Riquet fut également confisquée, et ce système s'étendit bientôt à d'autres concessions anciennes.

En l'an 1800, la longueur des canaux livrés au commerce était d'environ 1,000 kilomètres. Ceux de Briare, de la Dive, de Givors, de Pont-de-Vaux, de Grave et de Lunel, ayant ensemble 135 kilomètres, avaient échappé à la confiscation; tous les autres étaient administrés par l'État.

PÉRIODE DE 1800 A 1813. — La loi du 25 ventôse an IX (16 mars 1801) et le traité du

27 floréal suivant pourvurent, au moyen d'une concession temporaire, à l'achèvement des canaux de Beaucaire et de la Radelle, commencés depuis le xviie siècle. Celle du 29 floréal an X ordonna l'ouverture du canal de l'Ourcq; un droit additionnel de 1 fr. 25 par hectolitre était frappé sur les vins, aux entrées de Paris, afin de pourvoir à la dépense.

Les canaux de Saint-Quentin, de Bourgogne, du Rhône au Rhin et du Nivernais furent continués aux frais du gouvernement sous le Consulat et l'Empire.

On commença ceux d'Arles à Bouc, d'Ille-et-Rance, du Blavet, de la haute Seine, de Marans à la Rochelle, de Mons à Condé, du Berry et des salines de Dieuze.

Napoléon Ier voulait, en outre, ouvrir des canaux de Dijon à Paris, du Rhin à la Saône et du Rhin à l'Escaut.

Pour subvenir à ces dépenses, on avait établi, par la loi du 30 floréal an X, un *droit de navigation* dans toute l'étendue du territoire français.

On imposait, en outre, extraordinairement les départements les plus intéressés; enfin, en vertu du décret du 21 mars 1808, on aliénait les canaux d'Orléans et du Loing ainsi que la part qui revenait à l'État sur le canal du Midi. Mais ces fonds furent en partie distraits de leur destination et affectés aux besoins de la guerre.

En résumé, dans la période de 1800 à 1813, la longueur des canaux livrés à la navigation s'est accrue d'environ 200 kilomètres. Quant aux rivières, on avait construit l'écluse de Pont-de-l'Arche, aujourd'hui en démolition, les dérivations de Saint-Maur et de Chelles sur la Marne et neuf écluses sur la Scille et le Tarn.

PÉRIODE DE 1813 A 1830. — Le canal de Mons à Condé, ouvert en 1814, n'était pas complet, deux écluses restaient à construire sur la partie française, l'une à Thivencelle, l'autre à Gœulzin. Le gouvernement de la Restauration des 9 avril et 22 octobre 1817, concédant temporairement au sieur Honorez un droit de péage à ces écluses moyennant qu'il les construisît à ses frais.

Une loi du 13 mai 1818 concéda au même entrepreneur le canal de la Sensée et l'écluse d'Iwuy, sur l'Escaut.

Le ministère de Villèle, voulant donner une forte impulsion à la navigation, fit préparer une étude d'ensemble embrassant toute la France. La concession de plusieurs travaux importants fut alors offerte à des particuliers et fut refusée. Le canal de Paris à Dieppe fut mis en adjudication et personne ne se présenta pour l'exécuter.

Il fallut donc recourir aux emprunts; de là l'origine des lois des 5 août 1821 et 14 août 1822, qui autorisèrent les transactions financières dont nous allons parler, et qui procurèrent au Trésor 128,600,000 francs pour l'exécution et l'achèvement des canaux suivants :

Canal de Nantes à Brest sur une longueur de	369,537m.
Canal du Rhône au Rhin —	346,825
Canal du Berry —	320,350
Canal de Bourgogne —	242,372
Canal latéral à la Loire	192,063
Canal du Nivernais —	174,565
Canal de la Somme —	158,310
Canalisation de l'Isle	116,000
Canal d'Ille-et-Rance	80,796
Canal du Blavet —	59,818
Canal d'Arles à Bouc —	45,883
Canal des Ardennes —	38,830
Total.	2,145,349m.

Ainsi que nous l'avons dit précédemment, plusieurs de ces canaux avaient été commencés soit par les anciennes provinces, soit par l'empire; 48,900,000 francs y avaient déjà été consacrés, mais à cause de leur ancienneté et de leur état d'abandon, les ouvrages ne pouvaient guère représenter en 1821 une valeur de plus de 40 millions. D'après l'estimation présentée aux Chambres, une somme de 123 millions était nécessaire pour terminer l'ensemble. La dépense totale était donc évaluée à environ 163 millions qui, répartis sur 2,145 kilomètres, donnaient environ 76,000 francs par kilomètre, estimation beaucoup trop faible qui devait causer bien des difficultés et bien des mécomptes.

En 1821, les premiers traités furent passés, pour le canal de la Somme et celui des Ardennes, avec une compagnie représentée par M. Sartoris, et pour le canal du Rhône au Rhin avec une compagnie représentée par MM. Humann, Saglio, Renouard de Bussières, etc.

En 1822, d'autres traités furent passés pour le canal latéral à la Loire, pour le canal du Nivernais, pour le canal du Berry et pour les canaux de Bretagne avec une compagnie dite *des quatre canaux*, représentée par MM. Laffitte, Ardouin, Lapanouze, Rothschild, etc., pour le canal de Bourgogne avec une compagnie représentée par M. Hagermann, pour celui d'Arles à Bouc avec une compagnie représentée par M. Odier, et pour la canalisation de l'Isle avec une compagnie représentée par M. Froidefond de Bellisle.

Dans ces traités, l'État s'engageait à consacrer exclusivement l'argent aux travaux spécialement annoncés, à exécuter ces travaux dans un délai déterminé, ou sinon à augmenter à partir de l'expiration de ce délai l'intérêt payé pendant la période d'exécution; à prélever sur les revenus que les nouvelles voies navigables produiraient après leur ouverture l'intérêt et l'amortissement des capitaux employés; à abandonner pendant un certain nombre d'années, après amortissement, aux compagnies prêteuses, la moitié des revenus de ces voies navigables.

Il a été stipulé, par exemple, que pour le canal de la Somme l'intérêt serait de 6 pour 100, qu'après l'achèvement il y serait ajouté une prime de un demi pour 100, et qu'il serait fait un fonds d'amortissement de 1 pour 100. L'excédant des produits du canal après le service de l'intérêt, de la prime et de 'amortissement appartenait à la compagnie pendant tout le temps de l'amortissement; après ce temps les bénéfices étaient partagés entre l'État et la compagnie.

Pour le canal des Ardennes, les conditions étaient les mêmes, seulement la prime était de 1 pour 100.

Pour le canal du Rhône au Rhin, le fonds d'amortissement était de 2 pour 100 et le partage des bénéfices après l'amortissement devait avoir lieu pendant 99 ans.

Dans les traités de 1822, l'intérêt n'était porté qu'à 5,25 pour 100 environ.

Les clauses comminatoires étaient diverses; pour le canal du Rhône au Rhin, par exemple, elles portaient que si les travaux n'étaient pas finis le 1er juillet 1827, il serait accordé à la compagnie, à titre de dédommagement 1 pour 100 la première année et 2 pour 100 les années suivantes.

Le gouvernement pensait que les primes et les fonds d'amortissement qu'il s'engageait à payer une fois que la navigation serait ouverte lui seraient largement fournis par cette navigation, qu'ainsi il empruntait de l'argent à 5,25 ou 6 pour 100, et qu'il aurait encore tous les bénéfices que l'ouverture d'aussi belles lignes navigables devait lui donner par l'accroissement des revenus publics. Les fonds publics étaient à 80 en 1821 et à 85 en 1822, l'opération paraissait donc acceptable au point de vue financier, mais elle était mal conçue au point de vue administratif.

Les projets de ces canaux n'avaient pu être faits d'une manière complète, de sorte qu'après les lois de concession de 1821 et 1822, au lieu de mettre à l'œuvre on se mit à l'étude. Pour le canal latéral à la Loire, par exemple, à la fin de la troisième année, la compagnie prêteuse avait versé 2,400,000 francs et prélevé l'intérêt de ses fonds, tandis que l'administration n'avait employé sur cette somme qu'environ 300,000 francs en études.

Les compagnies prêteuses élevèrent des plaintes très-vives au sujet de ces retards; leurs plaintes redoublèrent bientôt quand on commença à s'apercevoir de l'insuffisance des estimations, et, parmi les conséquences fâcheuses de cette situation, il faut signaler la méfiance qui paralysa pour longtemps les efforts de l'administration.

En résumé, le système de 1821 et 1822 n'est autre chose qu'un emprunt d'une forme très-compliquée mettant en saillie tous les inconvénients des compagnies, élevant le prix du fret et détruisant en partie les avantages que l'on aurait pu obtenir par un emprunt pur et simple.

Le système des concessions temporaires ou perpétuelles fut appliqué aux canaux des Étangs, d'Aire à la Bassée, de la Deule, de la Dives, de Roubaix, de la Sambre, de Saint-Quentin et de Dunkerque à Furnes.

En somme, malgré de grandes difficultés, le gouvernement de la Restauration a augmenté d'environ 900 kilomètres la longueur des canaux livrés à la navigation, et c'est en 1822 que les premiers bateaux à vapeur ont commencé à circuler.

PÉRIODE DE 1830 à 1848. — Sur les fonds d'emprunt des lois de 1821 et 1822, 115 millions se trouvaient dépensés en 1830; le gouvernement de Juillet eut à faire l'emploi du reliquat de 13,600,000 francs, et il fallut en outre ajouter près de 100 millions pour arriver au terme de cette grande entreprise qui, commencée en 1821, ne fut achevée qu'en 1842.

On continua aux frais de l'État le canal de la Haute-Seine commencé sous l'Empire.

On concéda le canal de la Sambre à l'Oise, la Scarpe inférieure et le canal de Vire-et-Taute.

On commença aux frais de l'État les canaux de la Marne au Rhin, latéral à l'Oise, de l'Aisne à la Marne, latéral à la Marne et latéral à la Garonne.

Environ 2,000 kilomètres de canaux ont été ouverts à la navigation de 1830 à 1848.

On a vu par ce qui précède que les grands travaux de navigation n'avaient guère consisté que dans l'ouverture de voies artificielles.

L'amélioration des rivières présentait en effet jusqu'à cette époque des difficultés quelquefois insurmontables, les barrages fixes pouvaient avoir des conséquences fâcheuses; on abandonnait donc généralement le lit des rivières à son état naturel, et l'on préférait creuser au besoin un canal latéral plus commode pour la navigation.

L'invention des barrages mobiles, due à M. Poirée et appliquée avec succès pour la première fois sur l'Yonne en 1834, vint modifier cette manière de voir et rendit une certaine faveur à la navigation en lit de rivière.

La loi du 30 juin 1835 marque le point de départ de ces idées nouvelles; elle ouvrit un crédit de 6 millions pour l'amélioration de l'Escaut, de la Moselle, de l'Ill, de la Baïse, de la Midouze et de l'Adour. En outre, elle instituait au budget ordinaire un crédit spécial annuel pour la Garonne, la Loire, le Lot, le Rhin et la Saône.

Enfin en 1846, on commença un essai d'endiguement de la Seine maritime entre Villequier et Aizier.

PÉRIODE DE 1848 à 1852. — Dans la période de 1848 à 1852, on a continué les entreprises antérieures.

La nécessité de donner du travail aux ouvriers des ateliers nationaux fit entreprendre : l'amélioration de la Marne entre Dizy et la Seine, l'ouverture d'une dérivation de la Seine entre Marcilly et Nogent, le prolongement du canal de la Haute-Seine entre Troyes et Bar-sur-Seine, l'exécution du canal de la Sauldre pour améliorer la Sologne.

PÉRIODE DE 1852 A 1870. — Pendant les premières années du second Empire, les voies navigables eurent à souffrir de la faveur accordée aux chemins de fer. Environ 50 millions seulement furent dépensés pour l'amélioration de la navigation de 1852 à 1860.

Les faits les plus saillants de cette période sont la continuation des digues de la Seine maritime, le rachat des actions de jouissance attribuées aux compagnies du Rhône au Rhin, des Quatre-Canaux, de Bourgogne (loi du 3 mai 1853) et la concession du canal latéral à la Garonne au chemin de fer du Midi, déjà propriétaire du canal du Languedoc.

Mais un mouvement de réaction se produisit, en 1860, en faveur de la batellerie; le nouveau traité de commerce avec l'Angleterre faisait désirer plus encore qu'auparavant le bon marché des transports, et les voies navigables furent alors envisagées comme les auxiliaires indispensables des chemins de fer.

On commença par racheter pour environ 79 millions, répartis en annuités jusqu'en 1890, la plupart des canaux encore concédés, savoir (lois des 28 juillet et 1er août 1860) :

1° Les canaux de la Somme, des Ardennes, latéral à l'Oise, d'Arles à Bouc, faisant partie des canaux dits de 1822 et dont le rachat avait été décidé en 1845;

2° Les anciens canaux d'Orléans, de Briare et du Loing;

3° Celui de Roanne à Digoin;

4° Quelques parties des canaux du Nord (de la Sensée, d'Aire à la Bassée, écluse d'Iwuy-sur-l'Escaut).

Les droits de navigation furent réduits par les décrets des 22 août 1860 et 9 février 1867.

On reprit d'une manière sérieuse la canalisation de la haute Seine, de l'Yonne et de la Marne, puis un peu plus tard celle de la Saône.

Le canal des houillères de la Sarre, commencé en 1862, fut livré au commerce en 1866; le canal de la Haute-Marne, entre Vitry et Chamouilley, et le canal Saint-Louis, à l'embouchure du Rhône, furent construits.

La longueur totale des voies artificielles ouvertes sous le second Empire n'atteint pas 500 kilomètres. On avait trouvé des ressources considérables pour les chemins de fer, pour les chemins vicinaux, pour les services transatlantiques, mais on avait été parcimonieux pour les voies navigables, malgré le programme nettement posé par l'Empereur dans ses lettres des 5 janvier 1860 et 17 août 1867, adressées au ministre des travaux publics.

Les tableaux suivants indiquent les dépenses qui ont été inscrites au budget des travaux publics depuis 1814 jusqu'en 1870 inclusivement pour le service de la navigation intérieure. Ces dépenses s'élèvent au total de 1,173,215,000 fr.

DÉPENSES FAITES PAR L'ÉTAT POUR LE SERVICE DE LA NAVIGATION INTÉRIEURE.

1º TRAVAUX EXTRAORDINAIRES.

	1814 A 1830.	1831 A 1847.	1848 A 1851.	1852 A 1870.
Rivières. . . .	6,588,000ᶠ.	92,785,000ᶠ.	20,164,000ᶠ.	152,351,000ᶠ.
Canaux. . . .	142,591,000	248,461,000	17,572,000	65,697,000
	149,179,000ᶠ.	341,246,000ᶠ.	37,736,000ᶠ.	218,048,000ᶠ.

Total. . . . 746,209,000ᶠ.

OBSERVATION. — Non compris une somme de 57,775,000 francs, payée au 31 décembre 1870 sur les annuités de rachat des canaux.

2º TRAVAUX ORDINAIRES.

		1814 A 1830.	1831 A 1847.	1848 A 1851.	1852 A 1870.
Rivières.	Entretien. . . .	33,608,000ᶠ.	22,697,000ᶠ.	5,614,000ᶠ.	32,679,000ᶠ.
	Grosses réparations. .	»	28,283,000	5,509,000	24,527,000
	Crédits spéciaux. . .	»	51,174,000	16,592,000	60,532,000
Canaux.	Entretien. . . .	»	27,849,000	11,556,000	68,138,000
	Grosses réparations. .	»	11,003,000	5,286,000	21,961,000
		33,608,000ᶠ.	141,006,000ᶠ.	44,557,000ᶠ.	207,835,000ᶠ.

Total. . . . 427,006,000ᶠ.

En regard de ces chiffres, nous rappelons que l'État paye annuellement aux compagnies de chemins de fer des intérêts qui s'élèvent de 25 à 30 millions, que cette somme vient s'ajouter aux intérêts du capital de un milliard qui a été payé à titre de subvention aux compagnies. L'intérêt annuel que supporte l'État en ce qui concerne les chemins de fer s'élève donc à environ 75 millions, et il atteint 90 à 95 millions, en tenant compte des subventions payées en annuités [1].

Le chapitre suivant fera ressortir l'importance des services que peuvent rendre les voies navigables dont nous venons de présenter l'historique.

1. *Moniteur* du 25 Avril 1869. — Discours de M. de Franqueville à la Chambre des Députés.

CHAPITRE II

CONSIDÉRATIONS SUR LES VOIES DE COMMUNICATION EN GÉNÉRAL
ET SUR LES VOIES NAVIGABLES EN PARTICULIER

Le transport des hommes et des choses peut se faire soit sur les routes de terre, soit sur les chemins de fer, soit en bateau. Chacun de ces modes de transport se recommande par des qualités spéciales qui répondent à des besoins différents.

L'administration chargée de construire et d'entretenir les voies de communication d'un pays doit, pour donner le meilleur emploi possible aux fonds publics dont elle dispose, savoir choisir parmi les divers modes possibles, celui qui convient le mieux dans des conditions déterminées.

L'étude comparée des propriétés particulières à chaque espèce de voie de communication va nous mettre à même de résoudre ce problème.

ROUTES EMPIERRÉES. — Sur les routes empierrées, la vitesse moyenne des voitures publiques affectées au transport des voyageurs n'était que de 2 kilomètres deux dixièmes par heure en l'an 1700, cette vitesse s'est ensuite développée suivant les perfectionnements successifs de la voie; elle atteint aujourd'hui 12 kilomètres à l'heure sur les routes les mieux desservies, et en tenant compte des temps d'arrêt.

Pour les transports par le roulage ordinaire, le prix de la tonne kilométrique qui dépassait $0^f,40$ en 1800, est descendu à $0^f,20$, indépendamment de tout péage, c'est-à-dire sans tenir compte des frais de construction et d'entretien.

Si l'on voulait rechercher quel pourrait être ce péage, on l'évaluerait approximativement de la manière suivante : le réseau complet de nos routes et chemins empierrés représentait au 1er janvier 1870 une valeur d'établissement de 4 milliards,

Correspondant à un intérêt annuel de. . . . . 200,000,000^f,00.
Les dépenses annuelles d'entretien sont d'environ. . . . . 100,000,000^f,00.

Total annuel. . . . . 300,000,000^f,00.

Ces routes et chemins transportent annuellement 5 milliards 300 millions de tonnes kilométriques, et 1 milliard 110 millions de voyageurs kilométriques, soit, en nombres ronds, 5 milliards 600 millions de tonnes kilométriques, en comptant quatre voyageurs pour une tonne. La dépense annuelle de 300 millions répartie sur ce dernier chiffre donne une somme de $0^f,053$ par tonne kilométrique.

C'est le péage minimum qu'une compagnie concessionnaire à perpétuité des routes et chemins empierrés pourrait exiger des transports effectués.

Dans cette hypothèse, le coût réel du transport d'une tonne de 1000 kilogrammes à 1 kilomètre de distance s'élèverait à environ $0^f,253$, savoir :

Péage. . . . . $0^f,053$
Transport proprement dit. . . . . 0 ,200

Total. . . . . $0^f,253$

En résumé, les routes de terre n'ont pour elles ni la célérité, ni l'économie, ni la puissance, mais elles sont à la disposition de tous; elles pénètrent jusqu'au plus petit hameau et le relient à une voie perfectionnée. Elles ont porté la civilisation dans tous les sens, et si leur rôle est devenu plus modeste qu'autrefois, elles sont et resteront toujours indispensables; sans elles, nos chemins de fer et nos canaux manqueraient de trafic, mais il ne faut pas songer à étendre au loin leurs transports.

CHEMINS DE FER ET VOIES NAVIGABLES. — Les chemins de fer constituent le mode de transport le plus parfait qui soit connu jusqu'à présent; ils peuvent non-seulement mouvoir de grandes masses à petite vitesse, mais aussi déplacer à grande vitesse les marchandises et les voyageurs; toutefois, on a pu constater, lors de la crise d'encombrement de 1871, que leur puissance est limitée. En outre, leur degré de perfection exige des dépenses de construction, d'entretien et d'exploitation qui élèvent les prix de transport ainsi que nous allons l'expliquer.

CONSTRUCTION. — Le chemin de fer de Paris à Strasbourg, dans la partie située sur le versant du Rhin, c'est-à-dire entre le col d'Arschwiller et Strasbourg, longe le canal de la Marne au Rhin, et ces deux voies de communication, placées dans les mêmes conditions, ont été établies à la même époque par les mêmes ingénieurs.

Il suffit donc d'examiner leur prix de revient pour déterminer, d'une manière incontestable, le rapport entre la dépense d'établissement d'un chemin de fer et la dépense d'établissement d'un canal [1].

Or, la partie de chemin de fer dont il s'agit et dont la longueur est de 62,167 mètres entre le palier du col Vosgien et la gare de Strasbourg a coûté 337,045ᶠ par kilomètre.

Entre les deux mêmes points extrêmes, le canal, dont la longueur est de 59,522 mètres, a coûté 180,136 francs par kilomètre.

Il est donc permis de conclure que, d'une part, pour un canal tel que celui de la Marne au Rhin, présentant une profondeur de 1ᵐ,60, et des écluses de 5ᵐ,20 de largeur sur 38ᵐ,11 de longueur de busc en busc, et d'autre part, pour un chemin de fer à deux voies tel que celui de Paris à Strasbourg, n'admettant que des pentes inférieures à 0ᵐ,007 par mètre, et des rayons supérieurs à 800 mètres, le rapport entre les prix de construction est de $\frac{337,045}{180,136} = 1,871$, soit environ $\frac{11}{6}$.

ENTRETIEN. — La dépense d'entretien d'un kilomètre de chemin de fer varie de 1,900 francs à 4,000 francs, tandis que la dépense d'entretien d'un kilomètre de voie navigable n'est moyennement que de 530 francs sur les rivières, et de 1,431 francs sur les canaux; mais si, au lieu de se placer à ce point de vue abstrait, on tient compte des masses transportées, c'est-à-dire, si on divise la dépense totale d'entretien par le nombre de tonnes transportées à 1 kilomètre, l'écart devient très-faible et change de sens, les chemins de fer transportant à peu près cinq fois autant que les voies navigables, ainsi que cela va être expliqué.

Pour pouvoir donner à ce sujet des chiffres précis, il faut recourir aux comptes d'exploitation que publient chaque année les compagnies des chemins de fer. Au moyen de ces documents, on peut répartir sur le parcours total des trains de marchandises et de voyageurs chaque article de dépense; on obtient donc tous les éléments du coût moyen d'un kilomètre parcouru par un train, et en divisant ces dépenses partielles par le chargement moyen d'un train de marchandises, on connaît tous les éléments du prix de transport à un kilomètre de distance [2].

On trouve ainsi pour le service de la voie, comprenant l'entretien et la surveillance de la voie et des bâtiments, une dépense de 0ᶠ,0045 par tonne kilométrique.

On peut retrouver ce chiffre par un autre calcul qui va nous servir de vérification : le prix moyen d'entretien d'un kilomètre sur tout le réseau de la compagnie de Paris-Lyon-Méditerranée est de 2,659 francs. Admettons que ce prix soit applicable à tout le réseau Français dont le développement en 1869 était de 16,465 kilomètres, la dépense totale d'entretien s'élèvera à 16,465 × 2,658 = 43,780,435 francs. Or le trafic de ce réseau se composait en 1869 de 6,270,952,000 tonnes kilométriques et de 4,107,561,000 voyageurs kilométriques; le tarif moyen de la tonne kilométrique était d'ailleurs, en 1869, de 6ᶜ,16, et le tarif du voyageur kilométrique de 5ᶜ,43; la transformation des voyageurs en tonnes

---

1. Construction des canaux et des chemins de fer par M. Graeff, inspecteur général des ponts et chaussées, p. 285.
2. Mémoire de M. Bazin, ingénieur des ponts et chaussées (Annales des ponts et chaussées, 1867, 2ᵉ semestre, p. 166).

peut donc se faire en multipliant leur nombre par le rapport $\frac{91}{58} = 0,881$; de sorte que le mouvement total est représenté par 9,889,713,251 tonnes kilométriques.

La dépense d'entretien correspondant à la tonne kilométrique se trouve donc être de $\frac{43,789,671}{9,889,713,251}$ $= 0',0044$, chiffre sensiblement égal à celui déterminé tout à l'heure en suivant une marche différente.

Il est facile de déterminer la dépense analogue sur les voies navigables.

On sait, en effet[1], que l'entretien des canaux et rivières canalisées coûte annuellement 10,027,335^f,00, et que le tonnage kilométrique est de 1,965,277,623^{tk}; la dépense par chaque tonne transportée à 1 kilomètre est donc de $\frac{10,027,335}{1,965,277,623} = 0',0051$, dépense peu différente de celle trouvée précédemment pour les chemins de fer.

FRAIS DE TRANSPORT. — Arrivons maintenant à la comparaison des frais de transport.

En suivant la marche indiquée précédemment, les comptes d'exploitation des compagnies font connaître que les éléments du prix de transport d'une tonne sur 1 kilomètre de chemin de fer sont les suivants[2] :

Frais d'exploitation (administration centrale, personnel des trains, des gares, etc.).	0',0085
Frais de traction (combustible, mécaniciens, personnel des dépôts, entretien des machines et wagons).	0 0075
Intérêt et amortissement du matériel mobile.	0 008
Frais de transport proprement dits.	0',024

Ces éléments sont calculés en supposant que les trains de marchandises ne coûtent pas plus cher que ceux de voyageurs, hypothèse inexacte sur les grandes lignes. La décomposition exacte des dépenses entre les services de grande et de petite vitesse n'étant pas possible, on est conduit à évaluer par approximation à environ 1/6 l'augmentation qui doit réellement affecter le transport des marchandises.

Les frais de transport proprement dits d'une tonne kilométrique s'élèvent donc très-approximativement à 0',028.

Pour avoir le prix total du transport, il nous reste à ajouter ce que nous avons appelé le péage minimum, c'est-à-dire les frais annuels d'entretien augmentés de l'intérêt et de l'amortissement du capital d'établissement de la voie, par tonne kilométrique.

Nous avons déjà vu que la dépense d'entretien est de.	0',004,5
L'intérêt et l'amortissement du capital s'élèvent à environ.	0',030,0
Total du péage minimum.	0',034,5

On en conclut que le prix moyen du transport d'une tonne sur un kilomètre de chemin de fer s'élève à 0',0625, savoir:

Transport proprement dit.	0',028
Péage.	0 0345
Total.	0',0625

Ce résultat est confirmé par l'examen du tableau suivant, qui donne les prix moyens réellement perçus par nos six grandes compagnies dans la période décennale de 1856 à 1865.

COMPAGNIES.	1856.	1857.	1858.	1859.	1860.	1861.	1862.	1863.	1864.	1865.
Nord.	0',0717	0',0679	0',0670	0',0675	0',0693	0',0689	0',0715	0',0666	0',0612	0',0605
Est.	»	»	»	0,0810	0,0757	0,0735	0,0718	0,0704	0,0591	0,0573
Ouest.	»	0,0794	0,0801	»	0,0744	0,0675	0,0673	0,0670	0,0660	0,0632
Orléans.	0,0754	0,0747	0,0709	»	0,0685	0,0673	0,0673	0,0665	0,0640	0,0616
Lyon.	0,0615	0,0693	0,0669	»	0,0689	0,0676	0,0616	0,0675	0,0597	0,0589
Midi.	»	»	0,0720	0,0700	0,0638	0,0705	0,0684	0,0680	0,0686	0,0675

1. Rapport à l'Assemblée nationale par M. Krantz, ingénieur en chef des ponts et chaussées (Annexe au procès-verbal de la séance du 8 juin 1872).
2. Mémoire de M. Bazin (*Annales* 1867, p. 168).

Enfin, il est important de remarquer que le prix de 0^f,06 est la moyenne des tarifs fixés pour la quatrième et dernière classe de marchandises, par l'article 42 du cahier des charges des compagnies. On voit donc que, grâce à la concurrence des voies navigables, les compagnies, au lieu d'appliquer les tarifs qu'elles ont le droit d'exiger et qui s'élèvent jusqu'à 0^f,16 par tonne kilométrique pour la première classe de marchandises, se contentent en moyenne du tarif de la quatrième classe. Cette conclusion sera rendue encore plus évidente par les développements qui vont suivre.

Cherchons maintenant le prix de transport de la tonne kilométrique sur les voies navigables, en distinguant, comme précédemment, les frais de transport proprement dits et le péage.

Il n'en est plus ici comme sur les chemins de fer où l'uniformité de construction et d'exploitation a conduit à des prix de transport qui sont à peu près les mêmes pour les six grandes compagnies.

Sur les cours d'eau, au contraire, les conditions et, par suite, les prix sont très-variables.

Nous prendrons pour terme de comparaison la voie navigable qui va de Paris en Belgique. C'est une des meilleures et des plus fréquentées de notre réseau.

Une péniche flamande apporte 240 tonnes de charbon de Mons à La Villette; le marinier reçoit pour ce transport 1,500 francs, soit 6^f,25 par tonne. La distance parcourue est de 324 kilomètres. Le prix du transport proprement dit de la tonne kilométrique est donc de 0^f,019,3.

Il se décompose de la manière suivante, en admettant que le bateau fasse trois voyages par an [1] :

Traction et pilotage pour le chargement de 240 tonnes. .	440 fr. par tonne kilométrique. . .	0^f,005,7
Intérêt et amortissement du matériel —	. . 300 —	. . . 0 ,003,8
Entretien du matériel —	. . 85 —	. . . 0 ,001,1
Patente et assurance —	. . 49 —	. . . 0 ,000,6
Droits de navigation —	. . 360 —	. . . 0 ,004,6
Retour à vide —	. . 250 —	. . . 0 ,003,3
Salaire du marinier —	. . 16 —	. . . 0 ,000,2
Totaux. . . . 1,500	. . . .	0^f,019,3

Pour déterminer le péage, nous ne pouvons nous borner à considérer en particulier la ligne de Mons à La Villette, ligne dont une partie est en Belgique. Nous reprendrons l'ensemble du réseau Français, et les chiffres de la statistique de 1868.

Les dépenses faites par l'État et par les compagnies pour la construction des canaux et rivières canalisées s'élèvent [2] à 1,157,396,767 francs,

Dont l'intérêt est. . . . . 57,869,838^f,00
L'entretien annuel est de. . . . . 10,027,335^f,00
                                        Total annuel. . . . . . 67,897,173^f,00

Répartie sur la totalité des transports évalués à 1,965,277,623 tonnes kilométriques, cette somme donne lieu à un péage de 0^f,034,5 par tonne.

Le prix de transport d'une tonne sur un kilomètre de voie navigable s'établit donc aujourd'hui de la manière suivante :

Transport proprement dit. . . . .   0^f,0193
Péage . . . .   0 ,0345
                                        Total. . . . .   0^f,0538

Remarquons de suite que l'élévation du péage sur nos voies navigables tient à ce qu'elles sont loin de recevoir toute la quantité de marchandises qu'elles sont capables de transporter; que leur trafic vienne à doubler, et le péage sera réduit de moitié.

Nous ferons ressortir un peu plus loin les diverses imperfections auxquelles il faut attribuer la faible fréquentation que nous venons de signaler. On comprend jusqu'à un certain point qu'au lendemain de leur invention, les chemins de fer aient séduit par leur merveilleuse puissance, et aient

1. Rapport de M. l'ingénieur en chef Krantz à l'Assemblée nationale (Annexe à la séance du 8 juin 1872).
2. Idem.

compromis un instant la navigation intérieure. Il nous suffira de nommer quelques-uns de nos grands fleuves comme la Loire entre Orléans et Nantes, le Rhône entre Lyon et Arles, et même la Seine entre Paris et Rouen, pour faire ressortir une situation qu'il importe d'améliorer.

Mais le mouvement de réaction est inévitable, il est déjà commencé; l'expérience des chemins de fer d'intérêt local va hâter sa marche, et tout nous indique que d'ici à peu d'années les voies navigables auront repris la place importante qu'elles doivent occuper à côté des chemins de fer.

Quoi qu'il en soit, malgré ce qui lui manque encore, et même en tenant compte d'un péage anormal, notre navigation peut lutter avec des chemins de fer qui ne sont plus guère perfectibles, et dont la fréquentation a à peu près atteint son maximum possible.

C'est ce que démontrent les chiffres que nous venons de déterminer. En effet, nous avons trouvé,

Pour le prix de transport d'une tonne à 1 kilomètre sur chemin de fer. . . . $0^f,062,5$

——   —   Canal. . . . . . . $0^f,053,8$.

Ce mode de comparaison, qui est un renseignement utile pour l'administration, n'est pas en réalité celui qui intéresse le plus le commerce; en effet, les voies navigables sont libres et le péage n'est versé à l'État que sous forme d'impôt.

C'est donc seulement le prix de transport proprement dit, soit $0^f,0193$, qui est payé par l'usager, et cet abaissement a produit une réduction analogue pour les transports des matières encombrantes sur les chemins de fer. Les compagnies ont pu reporter, au moins partiellement, sur le service des voyageurs et sur le service des marchandises de première et deuxième classe, le péage afférent au transport des houilles, des engrais, des matériaux de construction, des minerais, etc., et ne réclamer pour ces matières qu'un prix peu différent de celui du transport proprement dit, toutes les fois que la concurrence a pu s'exercer. C'est ainsi que nous voyons, par exemple, la houille et le coke transportés à raison de $0^f,0359$ par le chemin de fer du Nord, et à raison de $0^f,0441$ par le chemin de fer de l'Est [1].

Si l'on compare le prix payé au chemin du Nord au prix payé à la batellerie par tonne de houille et par kilomètre, on voit que l'économie du second est de $0^f,0359 - 0^f,0193 = 0^f,0166$, et si l'on suppose cette différence applicable à la masse des transports effectués par eau, c'est-à-dire à 1,965,277,623 tonnes kilométriques, on voit que nos voies navigables, tout imparfaites qu'elles sont, procurent au commerce une économie annuelle de plus de 32 millions, sans oublier l'abaissement plus important obtenu sur les tarifs des chemins de fer en concurrence.

Ces derniers transportent, il est vrai, avec plus de rapidité; mais si l'on examine de près ce point de comparaison, il est facile de reconnaître qu'en ce qui concerne les marchandises de petite vitesse, la différence n'est pas aussi grande qu'on pourrait le penser au premier abord. Ainsi, de Paris à Strasbourg, le délai réglementaire entre la réception et la livraison est de sept jours; mais en compensation des réductions de tarifs, la compagnie de l'Est a exigé un délai supplémentaire, qui varie de cinq à huit jours; la durée totale du transport est donc de douze à quinze jours. Or, il ne faut pas davantage à un bateau pour venir de Strasbourg à Paris, et la durée du trajet sera notablement abrégée quand on naviguera à la vapeur. Il en est à peu près de même sur les autres lignes.

AVANTAGES PARTICULIERS AUX VOIES NAVIGABLES. — Nous croyons avoir démontré, dans ce qui précède, que les voies navigables rendent de grands services, qu'elles en rendront de plus grands encore quand leurs imperfections s'effaceront, et qu'en somme on a fait une faute économique en ne leur donnant pas la même impulsion qu'aux chemins de fer.

Ces voies présentent d'ailleurs certains avantages particuliers : elles sont accessibles à tous, la concurrence peut s'y établir, leurs rives peuvent procurer aux commerçants une série presque continue de ports pour le chargement et le déchargement des marchandises, leur entretien est à peu près indépendant de la fréquentation, le bateau peut devenir jusqu'à un certain point une sorte de magasin flottant où la marchandise attend la vente; enfin les usines et les irrigations peuvent profiter de l'eau parfois trop abondante.

1. *Exploration des chemins de fer* par M. Jacqmin, t. Ier, p. 405. — *Idem* pour les vins, t. II, p. 201.

Et cependant, on a pu entendre soutenir parfois, même dans nos assemblées législatives, que les chemins de fer pourraient suffire désormais et qu'il conviendrait d'abandonner les voies navigables déjà existantes. Le bons sens a fait justice de cette erreur, qui, nous l'espérons, ne se reproduira plus.

AMÉLIORATIONS PRINCIPALES A APPORTER A LA NAVIGATION. — Dans les paragraphes qui précèdent, nous avons insisté, à différentes reprises, sur les conditions défavorables imposées jusqu'à présent à la navigation dans sa lutte avec les chemins de fer. Nous allons entrer dans quelques détails sur cette situation et indiquer les principales améliorations à y apporter.

Quand on examine une carte des chemins de fer français, on voit un réseau continu s'étendant sur tous les départements. L'aspect d'une carte de navigation est tout différent; bien des tronçons sont isolés et bien des régions ne sont pas desservies. Mais l'étude des nouvelles voies à créer pour former un réseau continu et complet nous entraînerait trop loin; on en trouvera au besoin les éléments dans des ouvrages spéciaux[1]. Nous nous bornerons à parler des voies navigables existant aujourd'hui.

VARIÉTÉ DES TYPES D'ÉCLUSES. — Parmi leurs imperfections, nous signalons d'abord la grande variété des dimensions des écluses.

Quelques chiffres pris çà et là vont en donner une idée.

La largeur des écluses est de :

2m,70 sur le canal de Berry, sur le canal de la Sauldre.	5m,20 sur les canaux de Bourgogne, de Saint-Quentin, latéral à l'Aisne.
3 20 sur le canal de l'Ourcq.	6 50 sur le canal de la Somme.
4 20 sur le canal des salines de l'Est.	12 00 sur la Seine, entre Montereau et Rouen.
4 70 sur le canal du Blavet.	16 00 sur la Saône, entre Châlon et Lyon.

Leur longueur est de :

26m,30 sur le canal du Blavet.	40m,00 sur le canal latéral à l'Oise.
27 70 sur le canal de Berry.	40 90 sur le canal de Mons à Condé.
30 00 sur le canal de Bourgogne.	58 30 sur le canal de l'Ourcq.
33 00 sur le canal du Loing.	120 00 sur la basse Seine.
37 00 sur le canal de Saint-Quentin.	160 00 sur la Saône.
38 25 sur le canal latéral à l'Aisne.	181 00 sur la haute Seine.

Leur profondeur normale d'eau est de :

1m,15 sur le canal d'Orléans.	1m,65 sur le canal de la Somme, etc.
1 20 sur le canal d'Hazebrouck	1 70 sur les canaux du Centre, de la Deule, de Mardyck.
1 25 sur le canal du Loing.	1 75 sur le canal de Neufossé.
1 30 sur les canaux de Briare, de la Sauldre et de Seclin.	1 80 sur les canaux des Ardennes, de Bourgogne, de Calais, etc.
1 40 sur le canal de Pont-de-Vaux.	1 87 sur le canal latéral à la Marne.
1 50 sur les canaux du Berry, du Nivernais, du Rhône au Rhin, de la petite Seine.	2 00 sur les canaux de la Charente à la Seudre, des Étangs, du Midi, de l'Oise, de Saint-Quentin.
1 60 sur les canaux de l'Aisne, du Blavet, de la Loire, de la Marne au Rhin, etc.	2 10 sur le canal latéral à la Garonne.

Ces fâcheuses variations s'expliquent jusqu'à un certain point si on réfléchit que la construction de nos premières écluses remonte à la seconde moitié du XVIe siècle. On ne pouvait guère soupçonner alors nos besoins d'aujourd'hui; on n'avait généralement en vue que des exigences locales, soumises à certains usages et desservies par des bateaux d'une forme particulière.

Par suite des inégalités qui viennent d'être signalées, un bateau de dimensions déterminées ne peut

---

1. *Essai sur le système général de navigation intérieure de la France* par Brisson, inspecteur général des ponts et chaussées, 1829. — Rapports faits à l'Assemblée nationale, au nom de la commission d'enquête, sur les voies de transport, par M. Krantz, ingénieur en chef des ponts et chaussées, député de la Seine, 1872, 1873, 1874.

souvent avoir qu'une circulation très-restreinte; il doit subir tantôt un allégement, tantôt un déchargement complet au grand préjudice de la marchandise et des commerçants.

Il est nécessaire de rétablir une certaine uniformité de telle sorte qu'un bateau d'un type convenu
puisse circuler comme un wagon, d'un bout à l'autre de la France.

Le type de bateau le plus convenable paraît être la *Péniche* du Nord, portant 240 à 300 tonnes,
en ayant soin toutefois d'amincir un peu son avant et son arrière, afin de diminuer la résistance à
l'avancement, et de permettre un cheminement plus rapide.

Une écluse de 5^m,20 de largeur, de 42^m,00 de longueur et de 2 mètres à 2^m,20 de profondeur
d'eau, est susceptible de recevoir une péniche de 300 tonnes à pleine charge. Telle paraît donc être
l'unité ou plutôt la capacité minimum sur laquelle on devra se baser afin qu'une écluse quelconque
puisse contenir au moins une péniche.

Nous disons *au moins une*, parce que l'on doit, autant que possible, favoriser la navigation par
convois, en faisant usage de toueurs ou de remorqueurs à vapeur, ainsi que nous l'indiquerons tout
à l'heure. Chaque écluse devrait donc pouvoir admettre un remorqueur et au moins deux à trois bateaux.
Les douze écluses de la haute Seine, construites dans cet ordre d'idées, reçoivent en même temps un
toueur et une douzaine de bateaux de diverses dimensions; elles permettent de faire passer en deux
fois les plus grands convois qui ont quelquefois plus de 300 mètres de longueur.

TRACTION A LA VAPEUR. — En présence des progrès industriels de notre époque, on
ne peut voir sans étonnement les procédés primitifs encore en usage pour la traction des bateaux. Ce
sont tantôt des chevaux, tantôt des bœufs, quelquefois même des hommes qui effectuent cette traction.

Il est incontestable cependant que l'on doit s'efforcer d'appliquer la vapeur à cette locomotion, de
manière à obtenir plus de vitesse, de régularité et d'économie.

L'exemple des autres pays ne laisse aucun doute à cet égard.

En Angleterre, en Hollande, en Suède, en Amérique, le remorquage à vapeur est établi sur
la plupart des voies navigables. Il faut reconnaître que nos canaux sont très-mal disposés pour cette
application, et *l'un des plus grands obstacles au développement de la navigation à la vapeur, réside dans
les dimensions des écluses qui ne peuvent admettre le plus souvent qu'un bateau à la fois.*

Une autre difficulté résulte de la trop faible section de la voie navigable.

Nos canaux ont été construits en vue de la traction par chevaux, c'est-à-dire pour une petite
vitesse et pour une marche par bateaux isolés. Si l'on cherche à augmenter la vitesse, le bateau agit à
la manière d'un piston, il éprouve une résistance considérable à l'avancement, et produit des ondes qui
dégradent les rives et le fond. Si l'on veut faire circuler un long convoi, les courbes sont difficiles à franchir.

Il faudrait donc avoir de longues écluses, dont la largeur serait tantôt de 5^m,20, tantôt du double;
il faudrait, en outre, élargir les canaux et porter leur profondeur normale à 2 mètres ou mieux 2^m,20.

L'Amérique nous a donné l'exemple d'une réforme analogue, coûteuse en apparence, mais pro-
ductive en réalité.

Le canal Érié, dont le développement est de 564 kilomètres entre Albany et Buffalo, n'avait à
l'époque de son achèvement, en 1815, que 8^m,50 de largeur au plafond, et 1^m,20 de profondeur d'eau.
Il avait coûté 40 millions. De 1835 à 1862, on a dépensé 160 millions pour le remanier complétement
en lui donnant 13 mètres de largeur au plafond, 21 mètres à la ligne d'eau et une profondeur de 2^m,20.
Il en résulta aussitôt une réduction de 50 °/₀ sur le fret, et l'État de New-York paraît disposé aujourd'hui
à faire une nouvelle transformation, en augmentant les dimensions de soixante et onze écluses qui n'ont
que 35^m,53 de longueur sur 5^m,50 de largeur.

ALIMENTATION. — Soit insuffisance des premières évaluations, soit diminution de la quantité
d'eau tombée sous forme de pluie depuis quelques années, certains canaux se sont trouvés alimentés d'une
manière insuffisante, et leur profondeur s'est trouvée inférieure à celle sur laquelle on avait compté.

CHOMAGES. — Nous signalerons encore sur les voies navigables une cause d'infériorité qu'il est
possible, non pas de faire disparaître, mais d'atténuer dans une certaine mesure.

Nous voulons parler des chômages motivés par les hautes eaux, par les glaces et par les travaux
de réparation.

Sur les rivières, l'établissement d'un puissant système de touage peut retarder notablement le moment où les hautes eaux rendent la navigation impossible.

Quant à la gelée, bien qu'elle ne persiste jamais bien longtemps dans nos contrées, il est utile de la combattre autant que possible, en se servant de bateaux brise-glaces ou de dynamite.

Enfin, les chômages d'été peuvent être réduits à très-peu de chose, au moyen d'ateliers bien organisés travaillant jour et nuit.

EMPLOI DE LA NAVIGATION EN TEMPS DE GUERRE. — De même que les autres voies de communication, les rivières et les canaux peuvent rendre de grands services pour les transports militaires.

Plusieurs voies navigables ont été creusées ou améliorées pendant les guerres de Louis XIV dans le Hainaut et dans la Flandre française, pour amener de grands équipages de siége devant les places fortes. Ces œuvres de Vauban sont devenues des sources de richesse pour les populations qui en jouissent aujourd'hui.

C'est encore au moyen des canaux qui se relient à l'Escaut, que l'on a transporté en 1832 les engins et les munitions destinés au siége d'Anvers.

En Russie, en Autriche, en Allemagne, les voies navigables sont soumises à des règlements spéciaux concernant leur emploi en temps de guerre, et il est à regretter que le décret du 14 novembre 1872, instituant la grande Commission des transports militaires en France, n'ait visé que les chemins de fer.

REVENUS DES VOIES DE COMMUNICATION. — Lorsqu'un fabricant introduit dans son usine un mécanisme nouveau qui économise sur la main-d'œuvre une somme annuelle de mille francs, par exemple, cette réduction donne la mesure du degré d'utilité de la modification adoptée.

Il n'en est plus de même lorsqu'il s'agit de Travaux Publics, et l'on se tromperait beaucoup en prenant leur revenu spécial pour la mesure de leur utilité.

Considérons, par exemple, nos routes, dont l'ensemble a coûté 4 milliards, et qui n'ont d'autre revenu spécial que le produit de la vente des plantations, c'est-à-dire un produit insignifiant, par rapport au capital de construction. Personne ne songe cependant ni à mettre en doute leur utilité, ni à proposer d'y établir des barrières de péage.

C'est qu'en effet, ces voies de communication ont pour conséquences divers avantages dont jouit le public, savoir :

1° L'économie des transports;

2° L'augmentation de valeur des productions locales, agricoles ou industrielles, qui auparavant n'avaient qu'un marché restreint;

3° L'augmentation de valeur des propriétés foncières.

Enfin l'accroissement des échanges et des consommations procure à l'État une nouvelle source de revenus.

Considérons maintenant une voie navigable, par exemple le canal du Centre, qui a coûté 18 millions, représentant un intérêt annuel de. . . . .   900,000^f

Son entretien coûte chaque année.   185,000

$$\text{Total par an. . . } 1,085,000^f$$

Or son produit annuel n'est que de.   125,000

Le revenu spécial se solde donc par un déficit annuel de. . . . . . .   960,000^f

Mais le canal du Centre transporte 30,500,000 tonnes kilométriques, et si on admet que la réduction de prix dont profite le commerce soit d'à peu près 0 fr. 03 par tonne et par kilomètre, le déficit se trouve déjà effacé.

En 1822, M. Favier, alors ingénieur en chef de Saône-et-Loire, calculait que le canal du Centre avait augmenté le revenu territorial de la France de 5,680,000 francs, représentant un capital de plus de 113 millions.

On voit, par ces exemples, qu'en principe le revenu spécial d'une voie de communication n'a qu'une importance secondaire vis-à-vis des autres avantages dont jouit le public. On doit donc bien se garder d'y établir des péages qui pourraient nuire à ces avantages généraux.

Il ressort de ce qui précède que les travaux faits directement par l'État et livrés sans péage sont bien plus profitables que ceux faits par voie de concession au moyen de péages destructifs de la majeure partie des avantages susceptibles d'être obtenus.

Il en ressort également que lorsqu'il s'agit d'une voie assez fréquentée pour que ses bienfaits se fassent promptement sentir, l'État fait une bonne spéculation en empruntant au besoin les fonds nécessaires à son exécution. Enfin, pour réaliser cet emprunt, il est naturel de s'adresser tout d'abord aux départements, aux communes et aux industriels que les travaux projetés intéressent directement.

Tels sont les principes rationnels dont l'Administration supérieure vient de faire une application pour le rétablissement sur le territoire français des voies navigables interceptées par notre nouvelle frontière de l'Est [1].

Dans ce chapitre, nous nous sommes efforcé de démontrer :

1° Que les voies navigables rendent de grands services dans leur état actuel, malgré leurs imperfections;

2° Qu'il est urgent de les améliorer et d'en compléter le réseau en suivant un programme uniforme dont nous avons indiqué les bases ;

3° Qu'il est avantageux de faire au besoin des emprunts pour exécuter ces travaux.

Nous espérons que nos lecteurs partagent maintenant notre conviction, et nous laissons ces généralités pour aborder les questions techniques qui concernent la navigation.

1. *Journal officiel* du 9 Mars 1874, page 1829.

CHAPITRE III

NAVIGATION SUR LES RIVIÈRES NON CANALISÉES

Ainsi qu'on l'a vu dans les chapitres précédents, la navigation intérieure se pratique sur les rivières et sur les canaux creusés de main d'homme.

Parmi les rivières navigables, nous distinguerons : 1° celles dont le cours reste libre et 2° celles qui sont canalisées, c'est-à-dire divisées en un certain nombre de parties ou biefs échelonnés et séparés par des barrages.

Parmi les canaux nous distinguerons : 1° ceux que l'on désigne sous le nom de *canaux latéraux*, parce qu'ils suivent une même vallée et y sont placés latéralement à une rivière, et 2° ceux que l'on nomme *à point de partage*, parce qu'ils passent d'une vallée dans une autre en franchissant le faîte qui les sépare.

Dans le présent chapitre nous allons parler des rivières non canalisées, c'est-à-dire dont le courant reste libre.

ÉTIAGE. — Le niveau de l'eau dans une rivière subit des variations continuelles suivant les circonstances atmosphériques. Parmi cette infinité de hauteurs différentes, il en est deux qui intéressent surtout la navigation : ce sont le niveau des plus basses eaux et le niveau des plus hautes eaux compatibles avec la navigation.

On distingue sous le nom d'*étiage* le niveau des plus basses eaux connues. On ne doit pas attacher un sens absolu à cette signification, car au moment où on détermine le niveau d'étiage d'une rivière, on ne sait pas si, dans l'avenir, l'eau ne descendra pas plus bas que pendant les années précédentes.

L'étiage que l'on choisit à une certaine époque n'est donc qu'un plan de comparaison généralement peu différent des plus basses eaux possibles et donnant par conséquent des indications assez précises sur la profondeur minimum du cours d'eau.

CRUES. — Lorsque les eaux s'élèvent au-dessus d'une certaine moyenne, on dit que la rivière est en crue.

On peut connaître par l'observation le niveau de la plus haute crue réalisée dans les temps passés ; mais de même que pour l'étiage, rien ne prouve que ce niveau ne sera pas dépassé dans l'avenir. La hauteur d'une crue dépend, en effet, de l'état des divers affluents dont les uns peuvent être en basses eaux, pendant que d'autres sont en grandes eaux. La crue de la Loire, en 1843, s'est élevée à 6^m,70 au-dessus de l'étiage à Saumur, tandis qu'elle ne s'est élevée qu'à 4^m,25 à Tours ; elle était formée d'une grande crue de la Vienne et des eaux moyennes de la Loire supérieure. Si, à cette époque, une grande crue de la Loire supérieure avait coïncidé avec la grande crue de la Vienne, on aurait eu à Saumur une hauteur d'eau s'élevant à 2 mètres au-dessus de la crue de 1843, qui est la plus forte des temps modernes en cet endroit.

La connaissance du niveau des grandes crues permet de déterminer la hauteur de certains ouvrages qui doivent être insubmersibles, le débouché à donner aux ponts pour en assurer l'écoulement, etc.

En général, l'observation des crues des affluents supérieurs d'un cours d'eau permet d'annoncer quelques jours d'avance l'instant et la hauteur de la crue dans les parties inférieures de ce cours d'eau.

Ces annonces sont d'une grande utilité, soit pour la navigation, soit pour les riverains en temps d'inondation.

PLUS HAUTES EAUX DE NAVIGATION. — Quand les eaux d'une rivière atteignent un certain niveau, la navigation y devient dangereuse ou difficile, soit à cause du courant, soit à cause de la submersion des chemins de halage, soit enfin à cause de la trop faible hauteur restée libre sous les arches des ponts. Ce niveau diffère généralement peu de celui où la rivière commence à sortir de son lit. On constate chaque jour la hauteur de l'eau d'une rivière, en un point déterminé, au moyen d'une échelle ou règle graduée (fig. 1), scellée contre un corps fixe en lit de rivière et rattachée au nivellement général, de manière à connaître la hauteur d'une division quelconque au-dessus du niveau moyen de la mer. L'ensemble de ces observations journalières faites pendant une période de plusieurs années en divers points, répartis le long d'un cours d'eau, permet de connaître son régime.

PENTES DES RIVIÈRES. — La pente naturelle d'une rivière dépend de l'orographie de son bassin; plus les chaînes de montagnes sont élevées et rapprochées de la mer, plus la pente des cours d'eau est forte, et par conséquent plus il y a de difficultés pour y établir une bonne navigation, ou pour y tracer les canaux à point de partage qui doivent franchir une ligne de faîte.

La France n'est pas très-bien partagée sous ce rapport. Ainsi, le point de partage le plus haut des canaux d'Angleterre, celui du canal du Grand-Tronc, est à l'altitude 135 mètres, celui du canal de grande jonction est à 127 mètres, celui du canal d'Oxford est à 120 mètres, tandis qu'en France le point de partage du canal du Midi est à l'altitude 189 mètres, celui du canal du Centre est à 313 mètres, celui du canal de Bourgogne à 383 mètres, celui du canal du Rhône au Rhin à 349 mètres.

L'Amérique du Nord offre également des pentes plus faibles que celles de la France; sa surface générale, depuis le bord de l'Atlantique jusqu'à la chaîne des Cordillères des Andes, peut être considérée comme une vaste plaine qui ne présente que des irrégularités peu importantes. Le Mississipi, après un cours de 4,210 kilomètres, prend sa source à l'altitude 512 mètres, tandis que la Loire, après un cours de 980 kilomètres, prend sa source à l'altitude 1,408 mètres.

Fig. 1.— Échelle des hauteurs d'eau.

La pente à la surface d'un cours d'eau, entre deux points donnés, peut varier d'un moment à un autre suivant l'abondance des eaux. On la détermine en observant en même temps les diverses échelles placées sur ce cours d'eau.

TRAVAUX QUI INTÉRESSENT LA NAVIGATION.

Après avoir posé ces notions préliminaires sur la constitution d'une rivière, examinons quels sont les travaux qui intéressent la navigation.

Si la rivière présente naturellement une profondeur suffisante et une vitesse modérée; en un mot, si un chenal convenable existe déjà, les travaux à faire ont pour but l'usage et la conservation de ce chenal. Ils comprennent la défense des rives, les chemins de halage, les murs de quai, les ports, les gares d'abri, etc. Nous dirons un mot de ces divers ouvrages.

DÉFENSE DES RIVES. — Les berges naturelles d'une rivière sont exposées à être emportées plus ou moins rapidement par le courant; c'est surtout dans les parties concaves que les corrosions ont lieu; les terres entraînées vont ensuite former dans le chenal des atterrissements nuisibles à la navigation, elles modifient la section d'écoulement et peuvent ainsi devenir la cause de nouveaux changements dans le lit.

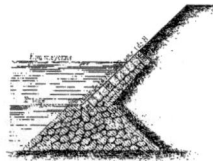

Fig. 2. — Perré fondé sur enrochements.

On s'oppose à ces corrosions en défendant les berges au moyen d'enrochements, de perrés (fig. 2), de gazonnements, de plantations, etc. Ces travaux de défense ne comprennent généralement que quelques parties des rives, soit celles qui sont déjà attaquées, soit celles qui sont menacées de l'être, soit celles qui sont voisines des ouvrages d'art. Vouloir défendre tout un cours d'eau serait le plus souvent faire une dépense considérable sans compensation suffisante.

CHEMIN DE HALAGE. — A la descente d'une rivière libre, un bateau peut se laisser entraîner par le courant sans autre moteur que la pesanteur.

A la remonte, le moyen de traction le plus généralement employé consiste dans l'emploi de chevaux cheminant sur la rive. Ces chevaux sont désignés sous le nom de *chevaux de halage* et le chemin qui leur est spécialement affecté se nomme *chemin de halage*.

On choisit pour rive de halage celle qui est la plus rapprochée du chenal ; on évite autant que possible de faire passer le chemin de halage d'une rive à l'autre.

Ce chemin de halage doit être à un niveau un peu supérieur à celui des plus hautes eaux de navigation. Il doit être continu, c'est-à-dire qu'il ne doit être interrompu ni par les ponts, ni par les affluents, ni par une autre cause quelconque.

Nous avons déjà dit, dans le chapitre II, combien il est à désirer que les moteurs à vapeur soient substitués au halage. Nous ne reviendrons pas ici sur cette question.

PORTS FLUVIAUX. — Les ports fluviaux sont les emplacements spécialement affectés au chargement et au déchargement des marchandises.

La berge naturelle n'est pas toujours bien disposée pour ces opérations. En effet, si elle est trop élevée, le déchargement des marchandises est long et coûteux ; si elle est trop basse, elle est exposée à être submergée, ainsi que les objets qui y sont déposés ; enfin, son talus en pente douce ne permet pas l'approche des bateaux.

Il est donc utile d'établir des ports, c'est-à-dire des plates-formes placées sur la rive à un niveau convenable, en un point qui soit accessible aux bateaux, d'une part, et aux voitures, d'autre part.

Le plus souvent on soutient la plate-forme par un mur vertical placé du côté du chenal et fondé assez bas pour que les bateaux puissent venir s'appuyer contre (fig. 3). La plate-forme est un peu au-dessus des plus hautes eaux de navigation, elle peut présenter plusieurs étages si la variation du plan des eaux navigables a une grande amplitude, elle est en outre reliée par des rampes douces avec les chemins voisins. Pour le chargement et le déchargement des marchandises on se sert de grues de diverses espèces ; les unes sont placées à poste fixe sur la plate-forme du port, les autres peuvent s'y déplacer en roulant, d'autres sont placées sur des pontons flottants qui viennent se mettre entre le mur de quai et le bateau à charger ou à décharger.

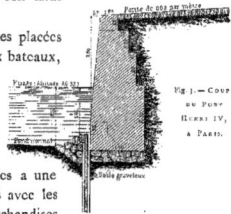

Fig. 3. — COUPE DU PONT HENRI IV, A PARIS.

Il y a des ports particuliers pour le déchirage des trains de bois flottés. Ces ports, nommés *ports de tirage*, consistent simplement en un plan incliné prolongé en pente douce depuis le quai jusqu'au niveau de l'étiage. Les trains viennent s'échouer sur cette berge régulière et on peut en approcher avec des chevaux et avec des voitures pour le tirage ou l'enlèvement des pièces de bois provenant du déchirage.

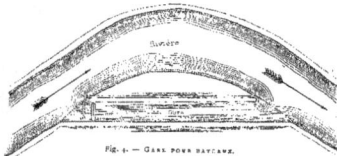

Fig. 4. — GARE POUR BATEAUX.

GARES. — Aux abords des ports, il est utile de ménager des refuges où les bateaux puissent se mettre à l'abri des débacles de glaces. Ces gares sont généralement bien placées dans un faux bras dont on barre l'embouchure d'amont par une estacade à claire-voie (fig. 4).

III.

6

En temps ordinaire, l'estacade donne passage à un courant qui s'oppose aux atterrissements, mais quand une débâcle se prépare, on place contre la face d'amont de l'estacade un rideau de madriers à peu près jointifs et s'élevant au-dessus du niveau de l'eau, de sorte que les glaces ne peuvent entrer dans la gare.

NAVIGATION INTERMITTENTE OU PAR ÉCLUSÉES. — Dans les paragraphes précédents, nous avons laissé de côté ce qui concerne le chenal navigable, dont nous avons admis l'existence naturelle, et nous avons indiqué les ouvrages qui en sont en quelque sorte le complément.

Revenons maintenant sur la constitution du chenal et examinons les différents cas qui peuvent se présenter.

Tant que les eaux d'une rivière sont assez élevées, la navigation peut s'y faire à pleine tenue et tous les jours. Si elles viennent à baisser au-dessous d'un certain niveau correspondant à l'enfoncement des bateaux à pleine charge, on peut diminuer le chargement sans que pour cela il y ait chômage, mais si l'abaissement se prononce davantage, il arrive un instant où la navigation naturelle se trouve interrompue, et c'est alors que l'on peut avoir recours à la navigation intermittente ou par éclusées.

Au moyen de la fermeture de barrages échelonnés sur le cours d'eau dont il s'agit ou sur ses affluents, on intercepte l'écoulement, puis quand l'eau se trouve emmagasinée en quantité suffisante derrière ces barrages, ceux-ci sont ouverts et produisent une crue factice nommée *éclusée*, qui, en passant, donne, pendant un laps de temps plus ou moins long, le mouillage nécessaire à la navigation.

Ces fermetures et ces lâchures peuvent se faire périodiquement, pendant la saison des basses eaux, aux jours et heures indiqués par un règlement affiché sur les ports et connu de tous les mariniers.

Tel est le système qui a été employé pendant des siècles sur l'Yonne et sur la Haute-Seine, entre Clamecy et Paris ; il a pu suffire aux exigences d'une navigation considérable à la descente ; mais, très-mauvais pour la remonte, il a presque entièrement disparu aujourd'hui pour faire place à une canalisation plus complète des basses eaux.

ANCIENS PERTUIS DE L'YONNE. — Malgré cette disparition, il est intéressant de dire un mot des anciens pertuis établis sur l'Yonne pour le service des éclusées.

Depuis les temps les plus reculés, le lit de cette rivière était coupé par des barrages de moulins. Il fallut lutter longtemps pour faire pratiquer dans ces barrages des *pertuis* convenables pour la navigation par éclusées.

Les plus anciens étaient en bois, leurs épaulements se composaient de coffrages remplis de moellons et laissant perdre beaucoup d'eau.

Les pertuis exécutés plus récemment et jusqu'à l'invention des barrages mobiles se composent d'une coupure de 8 mètres de largeur, bordée par deux culées en pierre de taille reposant sur un radier général arasé à peu près au niveau du fond de la rivière.

Fig. 5. — ANCIEN PERTUIS A AIGUILLES.

L'ouverture et la fermeture des pertuis se faisaient de différentes manières :

Tantôt une poutre pivotant horizontalement sur l'une des culées (fig. 5), venait appuyer son extrémité contre un arrêt placé sur la culée opposée, on plaçait ensuite au droit du pertuis des madriers verticaux ou *aiguilles* appuyant leur pied contre une saillie du radier et leur tête contre la poutre à pivot. Il suffisait de supprimer l'arrêt de cette poutre pour la faire échapper et pour abattre toutes les aiguilles que l'on repêchait ensuite à l'aval. L'ouverture du pertuis se faisait donc très-rapidement, la fermeture n'exigeait que peu de temps quand la poutre était bien équilibrée sur son pivot.

Tantôt, quand il s'agissait de pertuis de plus de 8 mètres, on remplaçait la poutre à pivot par un câble tendu d'une rive à l'autre et contre-buté au besoin par quelques contre-fiches du côté d'aval. Pour ouvrir le pertuis, il suffisait de rendre libre le tambour du treuil sur lequel était enroulé le câble ; celui-ci se déroulait et venait se ranger le long de la rive avec les aiguilles qui lui étaient attachées.

Tantôt, on fermait le pertuis au moyen de poutrelles placées horizontalement les unes au-dessus des autres depuis le radier jusqu'au niveau de la retenue et s'appuyant à chaque extrémité dans une rainure ménagée dans chaque culée (fig. 6). L'ouverture se faisait en enlevant les poutrelles une à une, ce qui était très-long, ou mieux en remplaçant une rainure par un poteau-valet susceptible de s'effacer et par conséquent de lâcher les poutrelles.

En 1720, le nombre des pertuis de l'Yonne, entre Sens et Armes, était de trente-cinq.

Depuis 1835, c'est-à-dire depuis l'invention des barrages mobiles, on a pu donner aux pertuis une largeur bien supérieure à 8 mètres, et on a ainsi fait disparaître l'une des grandes difficultés de la navigation montante; néanmoins, le système des éclusées reste toujours peu favorable à la remonte.

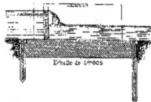

Fig. 6. — Ancien Pertuis
a Foutaielle.

Un bateau montant rencontre successivement une crue factice ou *éclusée* et une baisse factice ou *affameur*; l'éclusée lui offre pendant quelques heures un bon mouillage, mais à la rencontre de l'affameur il faut s'arrêter et attendre l'éclusée suivante; puis quand on arrive à un barrage, on le trouve souvent fermé; s'il est ouvert, ce n'est que vers la fin de son temps d'ouverture, alors que le courant est très-affaibli, que l'on pourra franchir son pertuis s'il n'y a pas d'écluse à côté.

En résumé, la navigation par éclusées paraît de nature à satisfaire d'une manière commode et économique la navigation à la descente; mais pour la remonte, elle n'est réellement admissible que pour des bateaux vides qui ne seraient pas arrêtés par les affameurs.

RÉSERVOIRS EMPLOYÉS A RELEVER LE NIVEAU DE L'ÉTIAGE. — Au lieu de rétablir un mouillage convenable au moyen de petites retenues placées dans le lit d'une rivière et sur ses affluents, on peut se proposer d'emmagasiner dans un réservoir spécial un volume d'eau tel qu'en lui donnant écoulement pendant la saison d'étiage, on rende au cours d'eau une profondeur suffisante, soit d'une manière continue, au moyen d'un écoulement également continu, soit d'une manière intermittente, en produisant des éclusées successives suivant l'importance de la réserve.

Il paraît facile, au premier abord, de recueillir un certain volume d'eau pendant la saison pluvieuse pour le rendre ensuite pendant la saison sèche.

Cependant l'examen des ressources que la nature met à notre disposition fait voir que rarement le volume d'eau réservée peut devenir

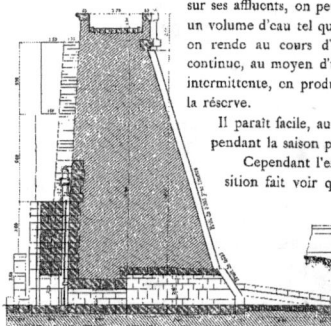

Fig. 7. — Coupe suivant AB du mur du réservoir des Settons.

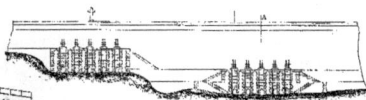

Fig. 8. — Élévation du mur du réservoir des Settons

assez considérable pour intéresser la navigation continue sur une rivière affamée pendant la saison d'étiage. Cette étude fait voir au contraire que si l'on veut se borner à faire des lâchures, il est très-facile d'obtenir une réserve capable d'améliorer notablement la navigation intermittente. Les éclusées de l'Yonne ont été ainsi utilement renforcées par les lâchures du réservoir des Settons (fig. 7 et 8).

Mais si les réservoirs sont impuissants pour l'amélioration de la navigation continue, ils sont indispensables à l'alimentation des canaux à point de partage, et ils rendent des services considérables aux irrigations et aux usines qui profitent du moindre supplément ajouté au débit naturel en temps de basses eaux. Enfin, ces mêmes réservoirs peuvent, dans certains cas, concourir efficacement à la protection d'un périmètre déterminé contre les inondations.

Ce qui concerne les réservoirs artificiels se rattache donc plus spécialement à l'étude des canaux et à celle des usages industriels de l'eau.

Nous nous bornerons à mentionner ici certains réservoirs naturels qui intéressent la navigation.

On connaît l'influence régulatrice des lacs sur les fleuves qu'ils alimentent. Le Saint-Laurent a un niveau presque constant, sans crue ni étiage, parce qu'au lieu d'être le produit direct de diverses rivières, il reçoit la presque totalité de ses eaux des cinq grands lacs : Supérieur, Huron, Michigan, Érié, Ontario, dont la superficie est de plus de 18 millions d'hectares.

Le lac de Genève a également une salutaire influence sur le haut Rhône, mais son volume actuellement disponible se vide trop tôt et ne produit pas tout l'effet qu'on en pourrait attendre; il serait possible de mieux aménager cette réserve et d'obtenir un relèvement plus notable mais encore insuffisant de l'étiage. Le lac de Genève a une superficie de 54,000 hectares.

Quand on compare la superficie de ces grands lacs à celle du réservoir des Settons par exemple, qui a 360 hectares d'eau, on comprend mieux pourquoi les réservoirs artificiels n'ont pas d'effet appréciable sur une navigation continue, et pourquoi ils intéressent surtout les canaux, les irrigations, les usines et quelquefois la navigation intermittente en lit de rivière.

RÉTRÉCISSEMENTS. — Nous venons de chercher à augmenter par une addition d'eau la profondeur, en étiage, d'une rivière dont le cours reste libre. On peut atteindre ce même but, dans une certaine mesure, par d'autres procédés que nous allons étudier et qui consistent principalement en rétrécissements et en dragages.

Lorsque le lit d'une rivière est trop large et son débit d'étiage trop faible pour offrir une profondeur suffisante, on peut obtenir quelque amélioration en rétrécissant le lit au moyen de digues longitudinales.

Le rétrécissement de la section d'écoulement relève d'abord le niveau de l'eau et augmente sa vitesse; si le fond est affouillable, le chenal s'approfondit par l'effet de cette augmentation. Le relèvement qui s'était produit d'abord, diminue alors peu à peu; il peut finir par disparaître complétement, et même par faire place à un abaissement de niveau.

On comprend par ce seul énoncé, que les résultats à obtenir d'un rétrécissement sont incertains et très-limités. On ne peut connaître d'avance l'approfondissement qui sera produit par la nouvelle vitesse; celle-ci n'est même pas bien déterminée par nos formules d'hydraulique, elle peut devenir une gêne pour la navigation. Le rétrécissement ne peut dépasser une certaine largeur nécessaire pour le croisement des bateaux. Enfin les matières provenant de l'approfondissement peuvent causer un peu plus loin des atterrissements nuisibles à la navigation.

Malgré ces incertitudes et ces difficultés, les rétrécissements ont procuré quelque amélioration sur la Garonne, sur la Grande Saône, sur la Midouze, sur l'Adour, sur la Meuse, etc. Mais on ne se contente plus aujourd'hui des profondeurs ainsi obtenues, et partout où le trafic a quelque importance, comme sur la Grande Saône, on établit une canalisation complète, qui seule peut assurer en tout temps un tirant d'eau de 2^m,00.

DRAGAGES. — Lorsqu'une rivière manque de profondeur sur un certain parcours, on peut être séduit au premier abord par la pensée de creuser le lit, et c'est la solution qui se présentera le plus naturellement à toute personne étrangère aux travaux de navigation. Mais en étudiant de plus près les conséquences d'un pareil travail, on reconnaît bien vite qu'elles peuvent être tantôt bonnes, tantôt mauvaises, suivant les circonstances.

S'il ne s'agit que de l'enlèvement d'un écueil isolé, par exemple, d'un bloc de rocher ou d'un reste de fondation placé dans le chenal, le dragage de cet écueil produira toujours un bon résultat.

S'il s'agit de l'enlèvement d'un banc de sable ou de gravier qui n'occupe qu'une partie de la largeur du lit d'étiage, l'effet produit sera encore généralement bon, mais il faut déjà établir une distinction sur la nature de ce banc et reconnaître s'il fait partie du lit naturel ou s'il a été déposé par une crue. Dans ce dernier cas, en effet, il faudra s'attendre à le voir reparaître à une époque plus ou moins rapprochée, suivant le régime du cours d'eau, suivant l'état de protection de ses rives et de celles de ses affluents et aussi suivant le genre de culture des versants du bassin alimentaire.

Enfin, s'il s'agit de l'enlèvement d'un banc qui tient toute la largeur du chenal d'étiage, il est rare que l'effet produit soit bon. En effet, ce banc formant barrage, son enlèvement aura pour conséquence un abaissement du niveau de l'eau à l'amont, de sorte qu'en produisant un excédant de profondeur sur un point, on pourra affamer les parties supérieures et n'obtenir en somme qu'un chenal moins favorable à la navigation. En outre, si le banc enlevé est le produit des crues, il se reformera au bout de peu de temps.

En résumé, les dragages dans le lit d'un cours d'eau navigable ne doivent être exécutés qu'avec beaucoup de réserve; il faut autant que possible les limiter à l'enlèvement d'écueils isolés ou de bancs de peu d'étendue et ne se reproduisant qu'à de longs intervalles.

Les procédés de dragages varient suivant la nature des matières à enlever.

Quelquefois, il faut d'abord les réduire sous l'eau en fragments de moyenne grosseur, soit en employant la poudre ou la dynamite, soit au moyen de percussions.

Les dragues dont on se sert le plus généralement pour retirer les matières, se composent de godets qui viennent successivement entamer le fond, à la profondeur fixée d'avance et qui sont mis en mouvement par une machine à vapeur. Ces godets viennent verser leur contenu dans un bateau placé le long de la drague (fig. 9).

Quand il ne s'agit que de petits volumes à enlever, on se sert d'une espèce de cuiller en tôle, munie d'un long manche que l'on manœuvre à la main.

ENLÈVEMENT DES MATIÈRES VASEUSES. — Si les matières à enlever sont de nature vaseuse; il est quelquefois difficile de les enlever à la drague. Il est souvent plus simple d'employer d'autres procédés.

On peut pomper les vases qui n'ont pas une grande consistance; c'est ainsi qu'on entretient la profondeur du bassin à flot de Saint-Nazaire.

Si on a un courant à sa disposition, on peut s'en servir, d'abord pour mettre les vases en suspension, puis ensuite pour les chasser de proche en proche dans des entailles pratiquées à cet effet, sur les rives ou dans des bas-fonds naturels.

Fig. 9. — PETITE DRAGUE À VAPEUR

Mais, en général, les rivières navigables, dont le cours est resté libre, emportent naturellement les vases amenées dans leur lit, et les procédés dont nous venons de parler en dernier lieu s'appliquent plus spécialement aux canaux artificiels ou aux réservoirs.

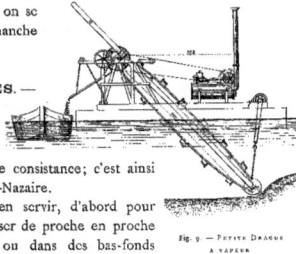

OBSERVATION SUR LES SINUOSITÉS QUE DÉCRIT UNE RIVIÈRE. — Il n'est personne qui n'ait remarqué combien il est rare de trouver une rivière coulant en ligne droite sur un certain parcours. Son lit serpente au contraire çà et là, attaquant les rives concaves et atterrissant les rives convexes, c'est-à-dire, ayant toujours une tendance à serpenter encore davantage.

Cette disposition naturelle doit être celle de l'équilibre le plus stable. Si on imagine un instant la réalisation d'un tracé rectiligne, on comprend que le moindre défaut d'homogénéité dans une rive empêchera l'égalité de résistance du lit et pourra engendrer un cours sinueux; l'action du vent, qui ne souffle pas également dans tous les sens, pourrait suffire pour modifier l'équilibre d'un tracé rectiligne.

Les anses, au contraire, attirent et fixent le courant et sont comme des points d'appui qui le maintiennent. Les sinuosités ont aussi pour effet de diminuer la pente de l'eau en allongeant son parcours, il arrive donc un moment où il y a équilibre entre la force d'entraînement du courant et la résistance du sol qui compose le lit; et si on suppose qu'alors les anses concaves soient rendues inattaquables au moyen de quelques travaux défensifs, le courant s'y accolera invariablement, il viendra toujours frapper le même point de chaque rive et le lit conservera son tracé.

En continuant à observer les exemples donnés par la nature, on remarque que les rives doivent être continues et à peu près parallèles au courant. Les épis transversaux ont été essayés sur le Rhône, sur le Rhin, sur la Durance, sur la Clyde, et partout on a fini par reconnaître qu'ils sont dangereux pour la navigation et qu'ils provoquent vers leur extrémité, des remous violents qui finissent par les engloutir.

On doit donc les proscrire, surtout sur une rivière rapide où le moindre ressaut sur l'alignement de la berge devient une cause d'affouillement. Les digues longitudinales ont au contraire toujours donné de bons résultats quand elles ont été construites suivant un tracé bien étudié.

C'est en se conformant à ces lois naturelles que l'on parvient à fixer convenablement les rives d'un cours d'eau.

NAVIGATION A L'EMBOUCHURE D'UNE RIVIÈRE. — Les travaux qui intéressent la navigation aux embouchures des rivières, présentent quelques circonstances qui les distinguent des autres travaux de navigation intérieure. Leur examen va compléter ce que nous avons à dire sur les cours d'eau à courant libre.

En approchant de l'Océan, le lit d'un cours d'eau présente naturellement une baie ou élargissement qui commence à peu près au point où la marée cesse de se faire sentir, et qui va en augmentant vers l'aval jusqu'à la rencontre avec la ligne générale du rivage maritime.

Abandonnée aux efforts variables du flot et du jusant, cette partie du lit présente le plus souvent une navigation très-difficile : tantôt le chenal passe d'une rive à l'autre en faisant de brusques détours accompagnés de hauts-fonds, tantôt le lit a une largeur anormale et se trouve divisé en plusieurs bras sans profondeur, tantôt les courants de flot et de jusant tendent à y creuser des passes différentes et à y créer des dépôts connus sous le nom de barres. On observe en outre à certaines embouchures une intumescence particulière désignée sous le nom de *barre liquide* ou *mascaret*, nuisible à la navigation ainsi qu'à la conservation des ouvrages.

Le problème à résoudre consiste à assurer un chenal suffisamment large, bien dirigé et profond pour relier à la mer la partie de rivière sur laquelle l'influence de la marée ne se fait plus sentir. On peut obtenir ce résultat de diverses manières.

Une première solution consiste à creuser sur l'une des rives un canal indépendant du jeu des marées et communiquant avec la mer par une écluse. Ce système est appliqué à l'embouchure de la Somme, entre Abbeville et Saint-Valery, et à l'embouchure de l'Orne, entre Caen et Oyestreham. On peut lui reprocher d'exiger une dépense assez considérable, mais du moins on est certain du succès.

Une seconde solution consisterait à barrer la baie et à y interdire l'accès de la marée. Une écluse placée dans la digue de fermeture établirait la communication entre la navigation intérieure et la mer. Ce système a été proposé en 1825 et 1827 pour l'embouchure de la Seine, mais il n'a pas été adopté. On doit redouter en effet les difficultés de construction et d'entretien d'un endiguement exposé à toute la violence de la mer sur une grande longueur, et en pareille matière, les avaries auxquelles on est continuellement exposé peuvent prendre les proportions d'un désastre.

La solution à laquelle on donne aujourd'hui la préférence, consiste à contenir la rivière entre deux digues longitudinales, laissant à la marée un libre accès et utilisant pour l'entretien d'un même chenal les courants de flot et de jusant qui à l'état naturel s'écartent généralement l'un de l'autre.

Fig. 10. — EMBOUCHURE DE LA SEINE, endiguée entre Villequiers et Berville.

Cette solution a été appliquée avec succès aux embouchures de la Clyde, de la Vire, de la Seine (fig. 10), de la Garonne, de la Loire, etc.

Les principes généraux suivant lesquels on doit procéder à l'endiguement d'une embouchure soumise aux marées sont les suivants :

Les digues doivent suivre autant que possible l'une des rives de la baie, afin de moins gêner le mouvement des marées. La position des ports qui existent déjà, l'emplacement du chenal suivi naturellement par le flot à l'entrée de la baie, et la direction des vents régnants, déterminent la rive contre laquelle on doit se fixer.

L'écartement des digues doit aller en croissant à mesure que l'on se rapproche de la mer. Cette loi est indiquée par la nature. On observe en effet que les rivières dont l'embouchure offre à la navigation un chenal profond et régulier, ont une largeur qui augmente graduellement vers l'aval sans brusques sinuosités. La Tamise en offre un exemple remarquable.

Pour que l'endiguement maintienne la profondeur et la position du chenal, il n'est pas nécessaire qu'il soit très-élevé; il suffit que le couronnement des digues soit un peu supérieur au niveau des basses mers, de telle façon que les chasses produites par les eaux douces ne puissent s'échapper latéralement.

Quand, au lieu de l'Océan, il s'agit d'une mer qui n'a pas de marées, on a encore le choix entre un canal latéral et un endiguement.

Mais il faut remarquer que les matières apportées par les crues et déposées à l'embouchure y produisent une barre solide qui n'est plus enlevée comme dans le cas précèdent par les courants de marée. Cette barre recule à mesure que l'on prolonge les digues, et elle forme ainsi un obstacle permanent à la navigation.

Les travaux d'endiguement exécutés à l'embouchure du Rhône (fig. 11) ont fourni une nouvelle

Fig. 11. — Embouchure du Rhône.

preuve de ce que nous venons de dire, et on a dû en 1863 décider l'ouverture d'un canal latéral, aujourd'hui livré à la navigation et connu sous le nom de canal Saint-Louis.

A l'embouchure de l'Èbre, on a également creusé un canal latéral et on l'a disposé de manière à pouvoir y produire des chasses en profitant de la pente du fleuve.

Les peuples anciens avaient déjà donné l'exemple de canaux creusés latéralement aux embouchures du Nil et du Tibre. Ces canaux dépourvus d'écluses n'étaient que de simples dérivations venant déboucher en dehors du delta ancien, mais exposées à subir au bout de quelque temps les effets d'un delta nouveau.

En résumé, si pour les embouchures à marées l'endiguement paraît aujourd'hui préféré, la canalisation latérale avec écluse de navigation, et s'il est possible avec écluse de chasse, constitue la solution admise aujourd'hui pour les embouchures à niveau à peu près constant.

L'étude de l'amélioration des embouchures est certainement l'une des plus complexes de l'art de l'ingénieur; il en est peu qui présentent autant d'éléments variables et difficiles à apprécier, et le plus souvent on ne sait prévoir toutes les conséquences des travaux que l'on projette. On ne doit donc agir en cette matière qu'avec un surcroît de prudence et de réserve.

CHAPITRE IV

CANALISATION EN LIT DE RIVIÈRE

Dans le chapitre précédent nous avons indiqué les différentes manières de naviguer sur une rivière libre, et nous avons passé en revue les travaux qui peuvent faciliter cette navigation. Nous avons d'ailleurs fait observer qu'en France on n'obtient généralement pas ainsi des résultats suffisants pour satisfaire les besoins du commerce moderne.

Dans le présent chapitre, nous allons étudier la canalisation des rivières, c'est-à-dire les divers ouvrages au moyen desquels on peut obtenir en tout temps, dans le lit même des cours d'eau, une profondeur minimum fixée d'avance.

Ces ouvrages consistent principalement en barrages construits en travers du cours d'eau de manière à en relever le niveau ; une écluse placée à l'extrémité de chaque barrage donne passage aux bateaux.

La rivière se trouve ainsi divisée en autant de *biefs* qu'il y a de barrages, la pente à la surface de l'eau est très-réduite sur chaque bief, mais il existe une chute plus ou moins forte au droit de chaque barrage.

CONSIDÉRATIONS GÉNÉRALES SUR LA CANALISATION DES RIVIÈRES. — A l'époque où l'on ne se servait que de barrages fixes, la canalisation en lit de rivière ne méritait pas grande faveur, l'ouverture d'un canal latéral était généralement préféré.

Mais depuis l'emploi des barrages mobiles inventés en 1834 par les ingénieurs français, les graves inconvénients reprochés aux barrages fixes ont disparu avec eux et la canalisation en lit de rivière présente souvent des avantages que nous allons étudier.

Cet examen nous fera connaître dans quelles circonstances on doit encore donner la préférence à un canal latéral.

Imaginons que sur un point déterminé, un barrage fixe, c'est-à-dire un massif solide quelconque, soit établi d'une rive à l'autre, en travers du lit naturel, de manière à relever le niveau de l'eau d'une hauteur voulue au-dessus de l'étiage, et voyons quels en seront les effets.

Pendant la saison sèche, le plan d'eau relevé convenablement en amont du barrage procure la profondeur nécessaire à la navigation.

S'il survient une petite crue, la circulation des bateaux peut continuer tant que l'écluse qui complète le barrage n'est pas submergée.

A partir de cette submersion la navigation est interrompue, et si la crue s'élève davantage, il arrive un moment où le lit naturel, obstrué par la présence du barrage fixe, n'est plus suffisant pour assurer l'écoulement des eaux ; les ouvrages construits pour la navigation deviennent alors une cause de débordements et de dommages plus ou moins importants.

Ce grave inconvénient disparaît si le barrage est mobile, c'est-à-dire s'il est construit de telle sorte qu'on puisse facilement le coucher sur le fond aussitôt que la rivière présente naturellement la profondeur nécessaire à la navigation. Lorsqu'une crue importante survient, le barrage est effacé depuis longtemps et l'écoulement se fait naturellement sans que les ouvrages de navigation y apportent le moindre obstacle.

On comprendra facilement qu'en général, la canalisation en lit de rivière coûte beaucoup moins cher que l'exécution d'un canal latéral pour lequel il faut acheter le sol, exécuter des terrassements, construire des ouvrages d'art à la rencontre des routes et des affluents, combattre les infiltrations, etc... Il est donc permis de conclure qu'on doit le plus souvent conserver la navigation en lit de rivière.

Cependant cette économie ne se réalise pas toujours; il peut arriver, par exemple, que la canalisation d'un cours d'eau à pente très-rapide exige des barrages si nombreux et si rapprochés qu'il y ait avantage à creuser un canal latéral.

La largeur excessive du lit naturel peut encore élever tellement le prix de construction de chaque barrage que l'économie soit en faveur du canal latéral.

Enfin la canalisation en lit de rivière ne remédie pas à l'interruption de la navigation pendant les crues, tandis qu'un canal latéral peut fonctionner en tout temps, excepté quand il est gelé.

En résumé, la canalisation en lit de rivière donne souvent la solution la plus économique, et ce n'est que dans quelques cas particuliers qu'on doit lui préférer une canalisation latérale.

COMPOSITION D'UN BARRAGE ÉCLUSÉ. — Un barrage éclusé se compose de trois parties principales, savoir (fig. 12) :

1° Une écluse placée à une extrémité du barrage, le long de la rive affectée au halage ;

2° Une passe navigable qui correspond au chenal que suivent ordinairement les bateaux quand le barrage est couché : cette passe se ferme à volonté au moyen d'engins mobiles que nous décrirons tout à l'heure; elle est ordinairement accolée à la tête d'aval de l'écluse.

3° Un déversoir destiné à écouler le trop-plein de la rivière quand le barrage est debout. Ce déversoir se ferme à volonté comme la passe au moyen d'engins mobiles ; il en est séparé par une pile et se rattache par une culée à la rive opposée à l'écluse.

La passe navigable est à angle droit sur l'axe de la rivière.

Le déversoir est tantôt dans le prolongement de la passe, tantôt incliné vers l'aval suivant la disposition des lieux.

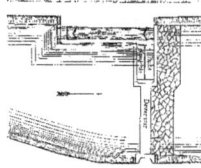

Fig. 12. — DISPOSITION GÉNÉRALE D'UN BARRAGE ÉCLUSÉ.

RELATION ENTRE LES BARRAGES SUCCESSIFS ÉTABLIS SUR UN COURS D'EAU. — Lorsqu'on canalise une rivière, il ne s'agit pas seulement d'un barrage isolé, mais d'une suite de barrages échelonnés et formant un ensemble dont les parties ne sont pas indépendantes les unes des autres.

Il est nécessaire que la retenue de chaque barrage se fasse sentir jusqu'au barrage supérieur et assure une profondeur suffisante tant sur l'entrée d'aval de son écluse que sur le parcours du chenal entre ces deux barrages (fig. 13).

La surface de l'eau retenue en amont décrit une certaine courbe que l'on sait calculer et qui peut servir à mesurer l'effet produit en chaque point du bief, mais on simplifie le problème, en supposant que la surface de l'eau reste dans un plan horizontal passant par le sommet du barrage. Cette fiction n'expose à aucun mécompte fâcheux pour la navigation, puisqu'en réalité le niveau de l'eau est un peu supérieur au plan horizontal dont nous venons de parler.

On dispose donc les ouvrages de telle sorte que l'horizontale passant par la crête d'un barrage et prolongée jusqu'au droit du barrage supérieur se trouve au-dessus du radier de son écluse, à une hauteur au moins égale à la profondeur minimum que l'on veut assurer.

HAUTEUR DES BARRAGES. — La hauteur d'une retenue dépend de la hauteur des engins mobiles employés pour fermer le barrage et de la profondeur à laquelle le seuil de ces engins est placé sous l'étiage.

On doit observer à ce sujet que tout barrage, quelque bien combiné qu'il soit, est une gêne pour la navigation. Il faut, en effet, subir un temps d'arrêt pour le franchir et s'exposer plus ou moins à des avaries. Il y a donc intérêt à avoir des retenues plus élevées et moins nombreuses; d'ailleurs il y a généralement économie à adopter ce principe.

Mais la hauteur des retenues est limitée par l'altitude des berges; elle est limitée aussi, dans une

III.   8

certaine mesure, par les dimensions à donner aux engins de fermeture, dimensions qui doivent permettre des manœuvres promptes et faciles.

En somme, la plus grande hauteur verticale donnée jusqu'à présent à un barrage mobile atteint 4 mètres au-dessus du seuil de la passe navigable, et ce seuil est placé au niveau moyen du fond de la rivière.

Le seuil du déversoir est placé plus haut que celui de la passe navigable; il s'élève ordinairement de 50 centimètres à 1 mètre au-dessus de l'étiage.

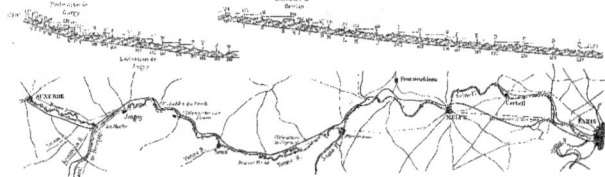

Fig. 13. — TYPE DE RIVIÈRE CANALISÉE. — Profil en long la haute Seine et de l'Yonne.

HAUTE SEINE.	VONNE.	C' Barrage de Villevalier.
A Barrage du Port à l'anglais.	M Barrage de Cannes.	D' Écluse de Saint-Aubin.
B — d'Ablon.	N — de la Brosse.	E' Barrage de Joigny.
C — d'Évry.	O — de Barbey.	F' — de Pachoir.
D — du Coudray.	P — de Port-Renard.	G' — d'Épineau.
E — de Seineport.	Q Écluse de Vinneuf.	H' — de la Gravière.
F — des Vives eaux.	R Barrage de Courlon.	I' — de Bassou.
G — du Melun.	S — de Champdeury.	J' Écluse de Naveaux.
H — de la Cave.	T — de Villeperrot.	K' — de Néron.
I — de Samois.	U-V — de Saint-Martin.	L' Barrage de Gurgy.
J — du Champagne.	X — de Saint-Bond.	M' — de Monsteau.
K — de la Madeleine.	Y — de Rosoi.	N' — des Boisseaux.
L — de Varennes.	Z — d'Étigny.	O' — des Dumonts.
	A' — de Villeneuve-sur-Yonne.	P' — de l'Ile Brûlée.
	B' — d'Armeau.	Q' — de la Chaînette.

LONGUEUR DES BARRAGES. — Pour terminer ces généralités, il nous reste à dire un mot de la longueur que doit présenter un barrage.

La passe navigable est un ouvrage coûteux à établir, il ne faut donc lui donner que la longueur rigoureusement nécessaire pour la navigation et pour l'écoulement des crues. Une ouverture de 40 à 50 mètres paraît généralement suffisante pour la navigation. Quant à ce qui concerne l'écoulement des crues, la longueur de la passe dépend du débouché offert par le déversoir. En un mot, il faut que l'ensemble du barrage, quand il est couché, ne produise pas de gonflement sensible quand les eaux sont sur le point de déborder. Les formules d'hydraulique permettent de calculer d'avance si un barrage de dimensions déterminées remplira cette condition.

ÉCLUSES. — Nous allons maintenant donner successivement quelques détails sur les diverses parties d'un barrage en commençant par l'écluse.

Une *écluse à sas* est une sorte de machine hydraulique au moyen de laquelle ont peut élever ou abaisser les bateaux, de manière à les faire passer d'un bief dans un autre dont le niveau est supérieur ou inférieur au précédent.

Bief d'amont.   Bief d'aval.

Fig. 14. — PLAN D'UNE ÉCLUSE.

On nomme *écluse à sas* ou simplement *écluse* (fig. 14 et 15) un bassin ou *sas* qui communique d'un côté avec le bief d'amont et d'un autre côté avec le bief d'aval; chacune de ces communications peut être ouverte ou fermée à volonté par des *portes* (fig. 17).

Si l'on veut faire monter un bateau du bief inférieur dans le bief supérieur, on ouvre les portes d'aval, on fait entrer le bateau dans le sas, on ferme les portes d'aval, on ouvre des vantelles qui introduisent dans le sas l'eau du bief d'amont de sorte que l'eau et le bateau s'élèvent peu à peu dans le sas jusqu'au niveau d'amont, on ouvre alors les portes d'amont et le bateau se trouve ainsi flotter sur le bief supérieur.

Fig. 15. — Coupe suivant A B.

Une manœuvre inverse permet de faire descendre un bateau du bief supérieur dans le bief inférieur.

A chaque passage le sas se vide et fait écouler du bief supérieur dans le bief inférieur un certain volume d'eau.

Cette dépense d'eau est sans intérêt sur une rivière dont le débit naturel est plus que suffisant pour alimenter tous les passages possibles, mais il n'en est plus de même sur les canaux artificiels dont nous parlerons dans un autre chapitre.

A l'époque où l'on ne se servait que de barrages fixes, on plaçait souvent les écluses sur des dérivations au lieu de les mettre en lit de rivière (fig. 16). Les barrages fixes doivent en effet avoir un grand

Fig. 16. — Plan d'une écluse sur dérivation.

développement pour moins nuire à l'écoulement des crues ; ils doivent donc être placés de préférence dans les parties les plus larges, parties qui sont toujours les moins profondes et qui par conséquent ne conviennent pas pour les écluses. Il était donc rationnel de placer ces dernières sur des dérivations. On y trouvait d'ailleurs les avantages suivants :

1° Le débouché au droit du barrage n'était pas réduit par la présence de l'écluse.

2° L'entrée et la sortie se faisaient en eau calme.

3° La dérivation formait une gare utile pour le stationnement des bateaux, soit en temps ordinaire, soit en temps de crue ou de débâcle.

4° Le trajet des bateaux était diminué de longueur.

Malgré ces avantages, la raison d'économie fait qu'on place généralement les écluses en lit de rivière depuis l'invention des barrages mobiles.

Quand un barrage est couché, on peut ouvrir toutes les portes de son écluse qui fonctionne alors comme un pertuis libre. Cette ouverture, très-utile à l'écoulement des crues et très-favorable à l'exploitation du touage, ne pourrait être mise en pratique sur une dérivation parce que le courant y prendrait trop de vitesse.

Nous avons dit dans le chapitre Ier combien il est utile d'avoir de grandes écluses qui permettent de recevoir en même temps un toueur et une partie de son convoi. Nous ne reviendrons pas ici sur ce point.

La chute d'un écluse de rivière, c'est-à-dire la différence de niveau entre l'amont et l'aval, dépend de la hauteur du barrage qui l'accompagne ; la plus forte chute réalisée jusqu'à présent est, croyons-nous, celle de l'écluse de Bougival, la seconde sur la Seine en aval de Paris, elle atteint 3ᵐ,45. Rien ne s'oppose à ce qu'on admette une chute plus élevée quand la disposition des lieux le permet et quand on est certain de ne pas exagérer les dimensions des engins mobiles destinés à former la passe navigable. Le progrès se fait peu à peu en pareille matière.

Sur les canaux, au contraire, où on n'est gêné ni par la crainte de submerger les rives, ni par les dimensions des engins, on trouve des chutes bien supérieures à 3ᵐ,45.

On nomme *bajoyers* les murs latéraux qui limitent la largeur d'une écluse. Leur couronnement ne s'élève qu'à quelques décimètres au-dessus des plus hautes eaux de navigation. En leur donnant plus de hauteur, on ferait une dépense inutile et on nuirait à l'écoulement des crues.

Lorsque le sas est très-long, on remplace quelquefois par économie le bajoyer du large par une digue qui vient se souder aux maçonneries des deux têtes.

On nomme *radier* de l'écluse le massif en maçonnerie qui compose le fond de l'écluse entre les deux bajoyers. Au droit de chaque tête ce radier présente une saillie transversale ayant la figure d'un angle dont la pointe est tournée vers l'amont ; cette saillie se nomme *buse* et sert d'appui aux portes quand elles sont fermées.

Le temps nécessaire pour qu'un bateau franchisse une écluse dépend principalement de la durée du remplissage ou de la vidange du sas ; il est donc important d'avoir à cet effet des orifices nombreux et se manœuvrant rapidement. Les vantelles pratiquées habituellement dans les portes ne suffisent pas pour les grandes écluses ; on leur adjoint des aqueducs ménagés à droite et à gauche dans la maçonnerie des têtes. Quand l'écluse est de dimensions telles qu'elle puisse recevoir plusieurs bateaux à la fois, il est utile d'avoir vers le milieu du sas une paire de portes, de manière à réduire d'environ moitié le volume à remplir ou à vider, quand il ne se présente, par exemple, qu'un bateau pour passer.

PORTES D'ÉCLUSES. — Chaque tête d'écluse est fermée à volonté par une porte composée de deux vantaux symétriques qui tournent chacun autour d'un axe vertical scellé dans le bajoyer, et qui viennent s'arc-bouter l'un contre l'autre et contre le buse quand on les ferme.

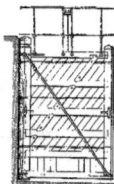

Fig. 17. — VANTAIL EN CHARPENTE.

Chaque vantail (fig. 17) se compose d'un cadre rectangulaire sur lequel s'assemblent un certain nombre de pièces horizontales nommées *entretoises;* le tout est recouvert d'un *bordage* continu qui forme une paroi étanche. Le poteau ou montant de rive se nomme *tourillon,* le poteau opposé se nomme poteau ou montant *busqué.*

L'entretoise supérieure porte une passerelle de service avec garde-corps.

Le vantail ouvert vient se ranger dans une chambre ménagée dans le bajoyer, de façon à ne pouvoir être heurté par les bateaux.

Au bas de chaque vantail, le bordage est percé d'une ou de plusieurs ouvertures garnies de vantelles que l'on manœuvre en se plaçant sur la passerelle.

Enfin chaque vantail porte un arc denté pris dans un engrenage scellé sur le couronnement du bajoyer ; il suffit de manœuvrer cet engrenage pour ouvrir ou fermer le vantail.

Les portes se font en bois ou en tôle, suivant les ressources dont on dispose.

Un vantail en tôle coûte à peu près le double de ce que coûte un vantail en charpente, mais il dure bien plus longtemps et n'exige presque pas d'entretien. L'emploi du bois offre généralement plus de facilités de construction ; on trouve partout des ouvriers capables de faire les réparations s'il survient des avaries ; enfin les portes en bois perdent une grande partie de leur poids dans l'eau et fatiguent par conséquent moins leurs attaches.

On ne peut dire d'une manière absolue que l'un des deux systèmes soit préférable à l'autre.

Les Américains ont adopté depuis quelques années un modèle de portes d'écluses qui diffère entièrement du précédent et qu'on substitue aux anciennes portes busquées du canal Érié. La nouvelle porte américaine consiste en un panneau étanche en bois, dont l'axe de rotation est horizontal et fixé sur le radier ; cet axe est placé à un niveau tel que, quand la porte est abattue, elle se trouve un peu au-dessous du niveau du chenal en amont. C'est vers l'amont que se couche la porte.

Son relèvement se fait au moyen de chaînes tirées par un treuil sur chaque bajoyer; la porte dressée vient buter contre des montants en bois scellés le long de chaque bajoyer; elle conserve une petite inclinaison vers l'amont, de telle sorte que l'ouverture se fait en laissant simplement filer les chaînes.

Les écluses du canal Érié ont 5m,80 de largeur; la porte américaine ne conviendrait peut-être pas pour une grande écluse de 12 mètres de largeur; elle a l'inconvénient de ne pas avoir de passerelle à sa partie supérieure, enfin elle ne paraît pas compatible avec l'existence d'une chaîne de touage dans le sas.

Nos portes busquées paraissent donc préférables au moins dans certains cas.

BARRAGE A FERMETTES (SYSTÈME POIRÉE). — Nous arrivons maintenant à la description des engins mobiles qui servent à fermer la passe navigable et le déversoir.

Ces engins appartiennent à divers systèmes dont nous parlerons successivement en suivant leur ordre d'ancienneté.

C'est en 1834 que M. Poirée, alors ingénieur en chef du canal du Nivernais, inventa et exécuta le premier barrage mobile désigné sous le nom de *barrage à fermettes*.

Une *fermette* est un cadre en fer ayant la forme d'un trapèze (fig. 18). Sa hauteur est à peu près égale à la profondeur que doit atteindre la retenue au droit du barrage. La grande base porte à ses extrémités deux tourillons qui entrent dans deux coussinets en fonte scellés dans le radier, de sorte que la fermette, en tournant autour de cet axe de rotation, peut se coucher sur le radier ou se dresser verticalement. Quand elle est dressée, son plan est parallèle à la rive.

Imaginons que plusieurs fermettes également espacées soient ainsi placées sur toute la longueur du radier de la passe navigable, et qu'après les avoir redressées on relie leurs têtes au moyen de griffes en fer. On aura obtenu ainsi une série de supports susceptibles de porter le plancher d'une passerelle, et en amont desquels on peut appuyer des madriers jointifs qui formeront le barrage.

Ces madriers, nommés *aiguilles*, placés dans une position voisine de la verticale, s'appuient à leur pied contre une saillie du radier et à leur tête contre les barres de liaison des fermettes.

S'agit-il de lever le barrage, l'éclusier et ses aides placés sur la culée saisissent sous l'eau avec un croc ou avec une chaîne la tête de la première fermette couchée, la font pivoter sur sa base en tirant à eux jusqu'à ce qu'elle soit verticale, ils posent alors sur sa tête qui est hors de l'eau deux barres qui la rattachent invariablement à la culée, ils placent ensuite sur cette tête et sur la culée les premières planches de la passerelle.

En se plaçant sur ces planches, ils relèvent de même la seconde fermette qu'ils rattachent à la première, et, continuant de proche en proche, toutes les fermettes se trouvent redressées, et la passerelle est posée d'une rive à l'autre de la passe.

La carcasse du barrage étant ainsi établie, l'éclusier et ses aides procèdent au bouchage en apportant les aiguilles sur la passerelle et en les plaçant une à une, d'abord de distance en distance, pour rompre le courant, puis jointivement pour avoir une paroi aussi étanche que possible.

S'agit-il de déboucher le barrage, on enlève les aiguilles une à une et on les dépose sur la passerelle ou dans un bateau. On peut ainsi en enlever ou en remettre, de manière à régler, dans une certaine mesure, le niveau de la retenue et à n'écouler que son trop-plein.

Quand on veut abattre le barrage, on emporte les aiguilles sur la rive, puis on fait de proche en proche une manœuvre inverse de celle du relèvement. On ôte les planches de la dernière travée

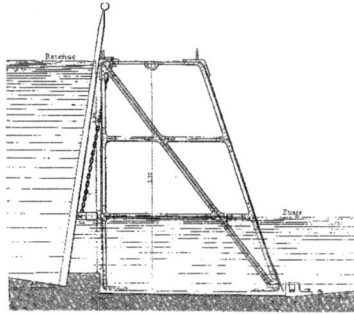

Fig. 18. — FERMETTE POIRÉE, AIGUILLE ET BARRE DE SOULAGEMENT.

III.   9

de la passerelle, puis les barres qui rattachent la dernière fermette à sa voisine et à la culée, on saisit la tête de cette fermette avec un croc ou avec une chaîne, et on la laisse s'incliner doucement jusqu'à ce qu'elle soit couchée sur le radier, on recule ensuite d'une travée, on couche de même l'avant-dernière fermette et ainsi de suite jusqu'à la première.

Alors le barrage a disparu et la rivière est rendue à son libre cours.

Le premier barrage construit par M. Poirée, en 1834, à Basseville, sur l'Yonne, présentait les dispositions suivantes :

La passe navigable avait une longueur de 22 mètres d'une culée à l'autre; elle comprenait 21 fermettes espacées de 1 mètre; chaque fermette avait 1^m,50 de hauteur, 1 mètre de largeur à la base et 0^m,80 au sommet. La retenue s'élevait à 1^m,20 au-dessus de l'étiage.

Depuis 1834, on a fait de nombreuses applications de l'invention de M. Poirée, sur l'Yonne, sur la Loire, sur la Seine, sur le Cher, sur la Meuse, sur l'Èbre, etc., et dans ces applications, on a cherché à augmenter peu à peu les dimensions des fermettes. Les barrages construits de 1860 à 1870 sur la basse Seine, à Andrésy, à Bezons, à Suresnes, à Martot, comprennent des fermettes de 3^m,30 de hauteur, 2^m,40 à la base et 1^m,40 au sommet. Leur espacement est de 1^m,10 d'axe en axe. Le barrage de Villez que nous construisons en ce moment (1876) comprend des fermettes de 5 mètres de hauteur.

Ces accroissements successifs ont occasionné peu à peu des difficultés de manœuvre et des inconvénients qu'il était facile de prévoir, mais qui n'existaient pas dans les barrages de dimensions moindres construits par l'inventeur.

Déjà, en 1848, alors que les fermettes n'avaient pas encore dépassé 2^m,25 en hauteur, on avait constaté le danger des manœuvres de nuit à l'époque des pluies, des grands vents ou de la gelée.

La hauteur ayant reçu une nouvelle augmentation, les aiguilles, qui ne sont maniables qu'à la condition de ne pas dépasser un certain équarrissage, devinrent trop faibles et subirent de fréquentes ruptures, enfin l'accroissement de la chute donna de l'importance aux fuites à travers les joints des aiguilles et certains biefs se vidèrent plus ou moins.

En résumé, on s'est trouvé en présence de manœuvres plus ou moins difficiles sur des aiguilles manquant de résistance et ne procurant pas une étanchéité toujours suffisante.

On a cherché à corriger ces inconvénients et on a pu les faire disparaître par l'addition de quelques organes qui altèrent, il est vrai, la simplicité primitive du système, mais qui néanmoins sont d'un emploi assez facile.

Pour suppléer au défaut de résistance des grandes aiguilles, on leur a fourni un troisième point d'appui au moyen d'une barre de soulagement (fig. 18) suspendue à deux chaînes que l'on descend en amont des fermettes jusque vers le tiers inférieur de leur hauteur. Chaque barre de soulagement occupe deux travées et porte par conséquent contre trois fermettes; les aiguilles sont appuyées à leur pied contre le seuil du radier, vers le tiers de leur hauteur contre la barre de soulagement et en tête contre les barres de liaison des fermettes.

Les fuites à travers les joints étaient abondantes, surtout quand des aiguilles trop faibles prenaient des flèches diverses et ouvraient ainsi leurs entre-deux. L'usage des barres de soulagement, en s'opposant à la flexion des aiguilles, a beaucoup atténué les filtrations par les entre-deux. On fait usage de couvre-joints pour les réduire encore au besoin.

L'effort à faire pour repousser et enlever une aiguille chargée d'eau augmente à peu près comme le carré de la hauteur de la fermette, c'est-à-dire que pour une fermette de 3 mètres de hauteur, par exemple, l'effort à faire pour retirer une aiguille à pleine charge sera à peu près quatre fois plus grand que pour une fermette de 1^m,50 de hauteur, l'aiguille étant supposée de même largeur dans les deux cas. Il en résulte que dans les grands barrages de 3^m,30 de hauteur, un seul homme ne peut plus manœuvrer les aiguilles à la main, quand la chute dépasse 1^m,70 à 1^m,80; il faut alors avoir recours à un mécanisme auxiliaire pour poser et pour retirer les aiguilles, mais on peut tourner la difficulté en ayant à côté de la passe à grandes fermettes une autre passe dont le seuil est plus élevé et qui est munie par conséquent de fermettes de moyenne hauteur. C'est cette partie surélevée que se font les manœuvres habituelles, c'est elle qu'on couche la première, de sorte que quand le moment est venu de coucher la grande passe, la chute est assez effacée pour qu'on n'ait plus aucune difficulté à enlever les aiguilles.

En employant des aiguilles tubulaires de 0^m,25 sur 0^m,25 d'équarrissage, nous avons pu supprimer les barres de soulagement qui ont l'inconvénient de compliquer et d'allonger les manœuvres d'abatage; cet inconvénient peut être très-grave en présence d'une crue subite. Ces grosses aiguilles se manœuvrent mécaniquement avec facilité, même quand leur longueur atteint 5 mètres. Elles peuvent servir au règlement de la retenue en en repoussant un certain nombre par la tête vers l'amont au moyen d'un petit engin spécial et en les calant dans cette position.

Le danger de circuler en tout temps sur la passerelle est écarté, en donnant à cette passerelle plus de largeur et en ajoutant au besoin un garde-corps.

M. Poirée avait pensé dès le début que le règlement du niveau de la retenue doit être assuré autrement que par l'addition ou l'enlèvement d'aiguilles ; il considérait comme imprudent de compter uniquement sur des manœuvres continuelles dont la moindre irrégularité peut avoir de très-graves conséquences.

M. Poirée avait donc posé en principe qu'un barrage à fermettes doit être accompagné d'un barrage déversoir fixe, arasé au niveau de la retenue, et offrant une longueur suffisante pour évacuer une crue qui surviendrait la nuit ou en l'absence des éclusiers. Ce déversoir régulateur avait généralement une grande longueur, il occasionnait un surcroît de dépense et pouvait nuire, dans certains cas, à l'écoulement des grandes crues ; mais à l'époque de l'invention des barrages à fermettes on ne connaissait pas d'autre moyen de régler spontanément le niveau d'une retenue.

Il n'en est plus de même depuis la découverte d'autres systèmes de barrages mobiles, et on sait remplacer le déversoir régulateur fixe par des déversoirs mobiles en employant les hausses de M. Chanoine ou de M. Desfontaines dont nous parlerons tout à l'heure.

En résumé, pour des hauteurs de fermettes qui ne dépassent pas 2m,50 le système de barrage inventé par M. Poirée donne une solution simple et facile à la condition d'avoir à côté un déversoir autorégulateur.

Pour de plus grandes hauteurs, on peut introduire dans le système primitif certaines modifications qui permettent encore son application.

BARRAGE A HAUSSES SYSTÈME CHANOINE. — On désigne sous lenom de hausse un panneau rectangulaire en bois ou en tôle susceptible de tourner autour d'un axe horizontal de rotation qui le divise en deux parties tantôt égales, tantôt inégales. Cet axe horizontal est formé par la tête d'un chevalet en fer qui peut à volonté se coucher sur le radier ou être maintenu vertical au moyen d'un arc-boutant. La hausse quand elle est dressée s'appuie à sa base contre une saillie du radier et à une certaine hauteur sur un axe de rotation, elle se couche sur son chevalet quand on abat celui-ci sur le radier.

Plusieurs hausses juxtaposées et faisant face au courant forment un barrage susceptible de disparaître à volonté.

Cette description sommaire donne une première idée du système inventé par M. Chanoine et appliqué pour la première fois en 1857.

Avant d'en examiner les détails, nous allons dire un mot des recherches et des tâtonnements successifs qui ont conduit à la découverte de ce type très-remarquable de barrage mobile.

M. Thénard, chargé en 1828 de la navigation de l'Isle, trouva sur cette rivière un certain nombre de barrages fixes, construits les uns sous le règne de Louis XV, les autres plus récemment, et qui sans relever suffisamment les eaux en étiage, produisaient néanmoins des débordements et par suite des dommages considérables aux époques des crues.

Ces barrages s'élevaient moyennement à 2 mètres au-dessus de l'étiage ; M. Thénard eut l'idée de réduire cette hauteur à 1m,20 et de fixer sur le couronnement ainsi dérasé une série de hausses susceptibles de se coucher en temps de crue et de se redresser en temps d'étiage.

Pour se tenir debout, chaque hausse portait sur la face d'aval une béquille ou arc-boutant mobile dont le pied venait rencontrer un heurtoir scellé dans le radier. L'abatage se faisait au moyen d'une crémaillère glissant sur le couronnement du déversoir fixe, et venant saisir chaque arc-boutant par le pied de manière à lui faire quitter son heurtoir. Cette crémaillère était manœuvrée de la culée au moyen d'un engrenage ; nous la retrouverons sous le nom de *barre à talons* dans les barrages de M. Chanoine.

L'abatage des hausses se trouvait ainsi convenablement assuré, mais leur relèvement était très-défectueux, il ne pouvait s'effectuer qu'après avoir fait baisser l'eau au-dessous du couronnement du barrage fixe, de manière à mettre à sec les hausses que l'on venait relever à la main ; la navigation était donc pour longtemps interrompue et soumise à des changements brusques de niveau.

M. l'inspecteur général Mesnager essaya de modifier ce mode de relèvement en plaçant en avant des hausses une série de contre-hausses semblables, mais se rabattant vers l'amont ; le courant pouvait les redresser et elles formaient un barrage momentané qui maintenait le radier à sec pendant qu'on relevait les hausses ; celles-ci une fois redressées, la pression de l'eau s'équilibrait sur chaque face des contre-hausses qui retombaient vers l'amont.

Malgré ces dispositions ingénieuses, l'eau s'échappant par les entre-deux des contre-hausses venait encore recouvrir le radier et cet écoulement suffisait pour rendre très-difficile le relèvement des hausses.

M. Chanoine proposa alors de remplacer les contre-hausses par des fermettes, de manière à pouvoir établir momentanément en amont des hausses, et pendant leur relèvement, un barrage à aiguille. Les éclusiers n'étaient plus obligés de descendre sur le radier pour redresser les hausses, ils pouvaient faire cette manœuvre en se tenant sur la passerelle portée par les fermettes.

Cette disposition facilitait beaucoup les manœuvres ; cependant les filtrations de l'eau à travers le barrage à aiguille laissaient subsister des difficultés de relèvement pour les dernières hausses, lesquelles subissaient pendant leur manœuvre le courant produit par ces filtrations.

M. Chanoine apporta alors aux hausses un perfectionnement capital en changeant de place leur axe de rotation et en le fixant non plus sur le radier, mais sur la tête d'un chevalet mobile ainsi que nous l'avons dit précédemment (fig. 19 et 20).

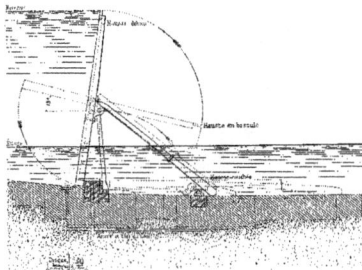

Fig. 19. — HAUSSE CHANOINE, employée sur la haute Seine.
Élévation latérale.

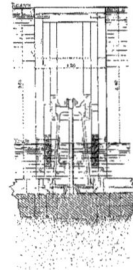

Fig. 20. — HAUSSE CHANOINE, employée sur la haute Seine.
Élévation d'aval.

Tel est l'engin appliqué aujourd'hui à un grand nombre de barrages sur la Seine, sur l'Yonne, sur la Marne, sur la Saône, sur la Meuse belge, etc.

Une hausse couchée que l'on tire par sa base pour la relever conserve pendant son mouvement une position assez voisine de l'horizontale ; elle n'offre pas trop de prise au courant qui passe dessus et dessous et on peut la redresser sans qu'il soit besoin d'établir préalablement en amont un barrage momentané.

Tant que la résultante des pressions supportées par une hausse dressée passe au-dessous de son axe de rotation, la hausse reste debout ; si au contraire elle passe au-dessus de cet axe, la hausse se met en bascule sur son chevalet qui reste debout.

Cette propriété est utilisée pour régler le niveau de la retenue.

On distingue deux espèces de hausses dont le caractère distinctif consiste dans la position de l'axe de rotation, savoir :

1°. Les hausses des passes navigables qui ne doivent jamais basculer spontanément et dont on place par conséquent l'axe de rotation vers le milieu de leur hauteur.

2°. Les hausses du déversoir régulateur qui doivent basculer quand l'eau s'élève à un niveau déterminé ; leur axe de rotation est placé vers le tiers inférieur de leur hauteur.

Nous allons maintenant expliquer avec plus de détails les diverses manœuvres d'une hausse, puis ensuite d'un ensemble de hausses, c'est-à-dire d'un barrage.

ABATAGE D'UNE HAUSSE. — Pour abattre une hausse, il suffit de tirer transversalement le bas de son arc-boutant de manière à le faire glisser sur le front du heurtoir. L'arc-boutant perd ainsi son point d'appui, son pied glisse dans une rainure en fonte scellée sur le radier de manière à le diriger dans sa chute, sa tête tourne dans l'articulation qui la relie au chevalet, et l'ensemble du chevalet et de l'arc-boutant vient se placer sur le radier, la hausse qui leur est attachée se couche au-dessus de ces deux pièces qu'elle protège en les recouvrant.

La traction latérale de l'arc-boutant se fait au moyen d'une barre munie de talons ; cette barre se meut horizontalement sur le radier, elle est manœuvrée de la rive au moyen d'un engrenage, elle porte autant de talons qu'il y a de hausses à abattre.

La barre à talons n'est pas indispensable pour abattre une hausse. On peut procéder de la manière suivante :

L'éclusier placé soit dans un bateau, soit sur une passerelle de service en amont d'une hausse dressée, la tire vers lui soit par sa volée, soit par sa culasse, jusqu'à ce que l'arc-boutant n'ait plus de pression à supporter ; il est facile alors d'écarter le pied de cet arc-boutant et de lui faire quitter son heurtoir, l'éclusier n'a plus qu'à laisser filer sa chaîne de traction pour que la hausse se couche.

Ce second procédé est utilisé pour les déversoirs qui sont tous munis d'une passerelle à l'amont des hausses et qui quelquefois n'ont pas de barres à talons ; il n'est employé que par exception pour les passes navigables.

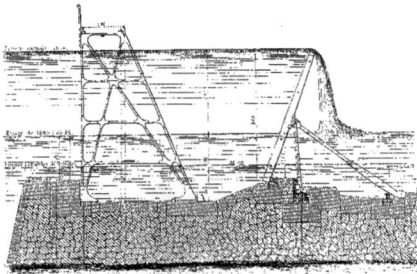

Fig. 21. — Hausse et Passerelle a l'amont de la passe profonde du barrage du port a l'anglais.

Fig. 22. — Hausse de déversoir avec passerelle a l'amont au barrage du port a l'anglais.

RELÈVEMENT D'UNE HAUSSE. — Supposons d'abord qu'il existe en amont des hausses une passerelle portée par des fermettes et qu'un treuil de manœuvre roule à volonté sur cette passerelle (fig. 21 et 22).

Chaque hausse porte à sa base une chaîne attachée à la passerelle.

III.   10

Pour relever une hausse, on prend sa chaîne, on la rattache au treuil et on exerce une traction, la hausse se soulève peu à peu en conservant une position peu écartée de l'horizontale, le chevalet et l'arc-boutant la suivent à la remorque, le pied de ce dernier remonte le plan incliné dont le front forme le heurtoir, et à la fin du mouvement, c'est-à-dire quand le chevalet a atteint la position verticale, l'arc-boutant dépasse l'extrémité du plan incliné et son pied tombe contre le front du heurtoir. L'axe de suspension de la hausse a alors une position fixe et il suffit d'appuyer sur la culasse ou seulement de lâcher doucement la chaîne de traction pour que la hausse se dresse et vienne buter contre le seuil.

S'il s'agit d'une passe navigable qui ne soit pas pourvue de passerelle en amont des hausses, on se sert d'un bateau de manœuvre (fig. 23) pour porter le treuil de traction et on saisit la culasse de la

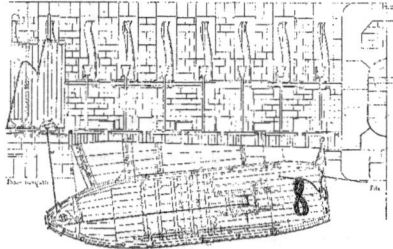

Fig. 23. — REDRESSEMENT DES HAUSSES D'UNE PASSE NAVIGABLE AU MOYEN DU BATEAU DE MANŒUVRE.

hausse au moyen d'un croc qui est relié au treuil par une corde. La manœuvre est moins simple qu'avec la passerelle, mais elle s'exécute cependant dans de bonnes conditions à divers barrages de la haute Seine, et de l'Yonne dont les passes navigables sont dépourvues de passerelle.

FERMETURE D'UN BARRAGE A HAUSSES. — Maintenant qu'on a bien compris la manœuvre d'une hausse prise isolément, voyons comment on ferme un barrage comprenant une passe navigable et un déversoir.

Nous supposerons qu'il n'existe pas de passerelle en amont des hausses de la passe navigable et nous prendrons le barrage au moment ou les engins mobiles sont couchés.

Voici le détail des manœuvres successives :

On relève d'abord les fermettes placées en amont des hausses du déversoir, on les relie les unes aux autres et on pose sur leur tête le plancher de la passerelle ainsi que cela a été décrit en parlant des barrages à fermettes.

Chaque fermette en se relevant a ramené la chaîne de culasse de la hausse qui lui correspond.

On amène sur le plancher de la passerelle le treuil de manœuvre, on l'y fixe par un crochet solide puis on relève la première hausse, mais quand son chevalet et l'arc-boutant sont en place, au lieu de lâcher la chaîne pour laisser redresser la hausse, on pince cette chaîne de manière à maintenir la hausse en bascule, c'est-à-dire dans une position voisine de l'horizontale. On passe ensuite aux travées suivantes jusqu'à ce que tout le déversoir soit en bascule. L'écoulement de l'eau n'est pas modifié par cette manœuvre puisque les hausses en bascule ne réduisent pas sensiblement le débouché du déversoir.

On procède ensuite au relèvement et à la fermeture de la passe en se servant du bateau de manœuvre qui s'appuie d'abord contre la pile pour relever les premières hausses, puis qui vient ensuite prendre un appui contre celles-ci pour relever les suivantes en s'avançant chaque fois d'une largeur de hausse et en redressant chaque hausse aussitôt qu'elle est relevée. (fig. 23.)

Pendant cette fermeture l'eau trouve un écoulement par le déversoir et il ne se produit qu'une chute trop faible pour rendre difficile le relèvement des hausses de la passe.

Quand la passe est fermée, on revient sur la passerelle du déversoir et on laisse filer les chaînes des culasses des hausses de manière à les redresser toutes successivement.

Le barrage se trouve ainsi fermé.

La fermeture d'une passe navigable de $50^m,00$ de longueur dure environ une heure et demie, la fermeture d'un déversoir de $70^m,00$ qui est déjà en bascule, ne demande que quelques minutes.

RÈGLEMENT DE LA RETENUE D'UN BARRAGE A HAUSSES. — Le barrage étant fermé, l'eau, tout en s'échappant par les entre-deux des hausses, monte peu à peu jusqu'à leur sommet, puis elle y forme une lame déversante qui a toute la longueur du barrage et dont l'épaisseur varie suivant le débit de la rivière.

Cette longue lame déversante s'oppose déjà très-efficacement à la surélévation du plan d'eau à l'amont, elle procure un premier règlement naturel de la retenue sans l'intervention des éclusiers.

Cependant, si, par suite d'une crue, l'épaisseur de la lame déversante dépasse une limite convenue d'avance, de manière à ne pas nuire aux propriétés riveraines, les hausses du déversoir se mettent spontanément et successivement en bascule de manière à offrir un débouché suffisant.

Lorsque la crue est passée, l'éclusier revient sur la passerelle du déversoir et redresse les hausses qui sont restées en bascule.

En résumé, toute surélévation du plan d'eau est combattue spontanément sans l'intervention de l'éclusier, celui-ci n'a à agir que pour empêcher la retenue de descendre au-dessous de son niveau normal.

OUVERTURE D'UN BARRAGE A HAUSSES. — Quand l'eau est assez haute pour donner naturellement la profondeur nécessaire à la navigation, on met les hausses du déversoir en bascule, puis on abat les hausses de la passe au moyen des barres à talons. On se tient prêt à refermer si l'eau vient à baisser de nouveau.

Enfin, quand la saison des crues d'hiver ou des glaces est arrivée, on couche les hausses du déversoir ainsi que les fermettes de sa passerelle, et la rivière est complétement rendue à son libre cours.

Toutes ces manœuvres sont simples et rapides ; elles sont exécutées par l'intermédiaire d'engrenages dont la puissance est calculée suivant l'effort à exercer. Les grandes hausses de $3^m,83$ de la nouvelle passe du Port à l'Anglais obéissent aussi facilement que les petites hausses de 2 mètres des déversoirs, et on ne voit pas de raisons pour ne pas faire dans l'avenir des hausses de 5 ou de 6 mètres de hauteur, si on en reconnaît l'utilité.

Enfin la passerelle de service est munie d'un garde-corps ; les hommes prennent sur le treuil un point d'appui quand ils exercent un effort ; ils ne courent aucun danger particulier.

DONNÉES STATISTIQUES SUR QUELQUES BARRAGES A HAUSSES. — Si nous considérons la grande ligne de navigation en rivière composant l'Yonne et la Seine entre Auxerre et Paris, nous trouvons sur 218 kil. de longueur :

Vingt-cinq barrages sur l'Yonne, entre Auxerre et Montereau, et douze barrages sur la Seine, entre Montereau et Paris.

Sur ces 37 barrages, 25 ont leur passe navigable et leur déversoir fermé par des hausses Chanoine ; ils sont conformes au type que nous venons de décrire et se manœuvrent depuis plusieurs années de la manière la plus satisfaisante.

Le seuil des passes navigables est généralement à $0^m,60$ sous l'étiage, le seuil des déversoirs est à $0^m,50$ au-dessus de l'étiage ; la retenue s'élève à $2^m,40$ au-dessus de l'étiage, au droit de chaque barrage, et son prolongement supposé horizontal passe à $1^m,70$ au-dessus du buse d'aval de l'écluse supérieure.

Les hausses des passes navigables ont moyennement $1^m,20$ de largeur et 3 mètres de hauteur ; celles de la nouvelle passe du Port à l'Anglais ont 1 mètre de largeur et $3^m,83$ de longueur ; ce sont les plus grandes qui aient été exécutées jusqu'à présent.

Les hausses des déversoirs ont $1^m,40$ de largeur et 2 mètres de hauteur.

Les entre-deux ont $0^m,10$ de largeur sur la Seine et $0^m,05$ sur l'Yonne.

Les passerelles placées en amont des hausses des déversoirs sont élevées de 0^m,50 au-dessus de la retenue normale.

Sur la Seine, la longueur des passes navigables varie entre 40^m,40 et 54^m,70 ; la longueur des déversoirs varie entre 60^m,30 et 70^m,10.

Les prix moyens par mètre courant sont les suivants :

Passe navigable. . .	Parties fixes.	2,279 fr. 00.
	Parties mobiles.	792 00.

Total par mètre de longueur.   3,071 fr. 00.

Déversoirs. . .	Parties fixes.	1,038 fr. 00.
	Parties mobiles.	668 00.

Total par mètre de longueur.   1,706 fr. 00.

Un déversoir qui serait construit dans les mêmes conditions de hauteur que les précédents, mais qui
au lieu de hausses avec passerelles serait simplement muni de fermettes et d'aiguilles suivant le système
Poirée, coûteraient environ 1300 fr. par mètre courant tout compris ; c'est ce qui explique comment par
raison d'économie on s'est borné à fermer au moyen d'aiguilles quelques déversoirs de l'Yonne dont les
passes navigables sont fermées par des hausses Chanoine.

HAUSSES A TAMBOUR (SYSTÈME DESFONTAINES). — L'invention de M. Desfon-
taines ne constitue pas à elle seule un système au moyen duquel on puisse canaliser une rivière. On verra
en effet que ces hausses exigent jusqu'à présent un seuil assez élevé au-dessus de l'étiage ; on les applique
donc seulement à la fermeture des déversoirs, et elles ne conviennent pas pour les passes navigables qui
restent munies d'aiguilles ou de hausses Chanoine.

M. Desfontaines s'est proposé d'utiliser la force motrice due à la chute d'un barrage pour produire
à volonté les divers mouvements des hausses. Ses premières expériences remontent à 1846 ; la première
application définitive a été faite en 1857 sur la Marne, au barrage de Damery.

L'appareil moteur (fig. 24) se compose d'une série de hausses en tôle indépendantes les unes des

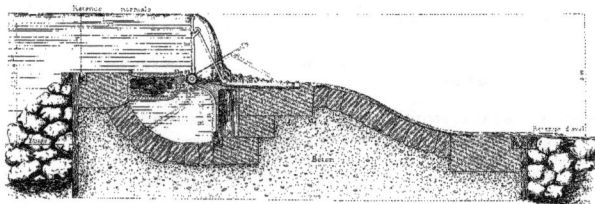

Fig. 24. — COUPE D'UN DÉVERSOIR MUNI DE HAUSSES DESFONTAINES.

autres et tournant autour d'une charnière horizontale placée à peu près dans leur milieu. La moitié supérieure est la *hausse* proprement dite, c'est elle qui opère la retenue ; la moitié inférieure désignée sous
le nom de *contre-hausse* n'a d'autre fonction que d'entraîner la hausse dans les mouvements qu'on lui
imprimera à elle-même. Cette dernière est enfermée dans un quart de cylindre horizontal en maçonnerie
de même longueur, dont l'axe coïncide avec sa charnière et dans lequel elle peut par conséquent accom-
plir un quart de révolution.

Les parois planes de ce cylindre ou, si l'on veut, de ce *tambour* ne passent pas exactement par son
axe ; l'une, celle qui est horizontale, a été légèrement surélevée parallèlement à elle-même et l'autre,
qui est verticale, a été reculée de même, de façon qu'elles laissent chacune un vide rectangulaire entre
elle et la contre-hausse lorsqu'elle sera parvenue dans ses positions extrêmes. Celle-ci d'ailleurs a été

légèrement contournée afin de diminuer la surélévation de la paroi horizontale. Enfin les extrémités du tambour sont fermées par deux cloisons en tôle dans lesquelles ont été pratiquées deux ouvertures rectangulaires qui correspondent aux vides dont il est question.

Les tambours successifs ainsi armés de leurs hausses et contre-hausses sont ménagés dans le massif de maçonnerie qui forme la partie fixe du déversoir.

Si l'on considère l'ensemble de ces tambours, on voit que, par leur réunion, ils forment un tube unique allant d'une culée à l'autre du déversoir et divisé par les contre-hausses en deux compartiments longitudinaux.

Le seuil formé par le couronnement de la partie fixe du déversoir ou, ce qui revient au même, par le manchon qui porte l'axe de rotation des hausses est placé à environ 1 m,20 au-dessus de l'étiage. Le débouché de la rivière est donc déjà notablement réduit par l'existence de cette partie fixe et il en résulte la création d'une chute plus ou moins prononcée au droit du barrage. On peut, du reste, augmenter cette chute en fermant une partie de la passe navigable.

Si donc on met le bief d'amont en communication avec le compartiment d'amont et le bief d'aval en communication avec le compartiment d'aval des tambours, l'excès de pression de l'eau d'amont repoussera les contre-hausses vers l'aval jusqu'à ce qu'elles rencontrent un arrêt et les hausses se redresseront en même temps jusqu'à ce qu'elles soient verticales.

On conçoit à plus forte raison le mouvement d'abatage qui se produira si on met le bief d'amont en communication avec le compartiment d'aval des tambours, tandis que le compartiment d'amont communiquerait avec le bief d'aval.

Ces communications s'établissent au moyen de deux aqueducs établis l'un dans la culée, l'autre dans la pile ; ces aqueducs se raccordent par un système de vannes avec les compartiments d'amont et d'aval des tambours.

BARRAGES DE LA MARNE. — Depuis 1857, onze barrages munis chacun d'un déversoir Desfontaines ont été construits sur la Marne, entre Épernay et Joinville-le-Pont. Leurs passes navigables sont fermées par des hausses Chanoine, avec passerelle à l'amont (fig. 25).

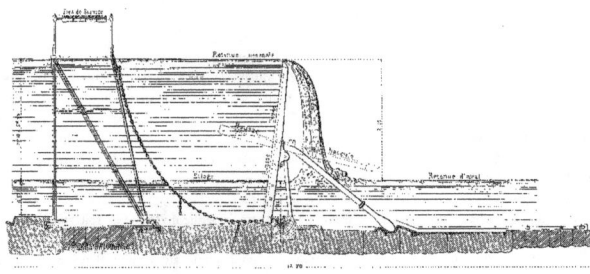

Fig. 25. — Coupe d'une passe navigable de la Marne.

La manœuvre de fermeture se fait de la manière suivante en supposant le barrage complétement couché. On relève d'abord les fermettes de la passe et on établit la passerelle, sur laquelle roule le treuil de manœuvre ; on relève ensuite les hausses de la passe, mais on les laisse en bascule et on ne procède à leur redressement que quand toutes sont en bascule. Si on cherchait à les redresser au fur et à mesure de leur relèvement, il se formerait bien vite une chute trop prononcée parce que la grande élévation de la partie fixe du déversoir s'oppose à l'écoulement de l'eau ; le relèvement des dernières hausses de la passe deviendrait donc impossible ou du moins très-difficile ; tandis qu'en les laissant en bascule la passe conserve son débouché ; il suffit ensuite de quelques minutes pour redresser une passe en bascule, et d'ailleurs ce redressement peut se faire, quand même une chute notable aurait eu le temps de se produire.

Quand la passe est fermée on agit sur les ventelles des tambours et on ferme le déversoir.

La retenue se règle spontanément par les variations de la longue lame déversante qui règne sur la passe et sur le déversoir.

S'il survient une abondance d'eau susceptible de donner trop d'épaisseur à la lame déversante et de trop relever le niveau d'amont, on peut coucher une partie du déversoir : l'expérience a démontré, en effet, que si on manœuvre en sens inverse la ventelle de la pile et la ventelle de la culée, c'est-à-dire si on fait, par exemple, sur la pile la manœuvre d'abatage et sur la culée la manœuvre de relèvement, la moitié des hausses du déversoir se couche et l'autre moitié reste debout, et en ouvrant plus ou moins chacune de ces deux ventelles on fait varier à volonté le point où ces deux manœuvres opposées se font équilibre, de sorte qu'on abat un nombre voulu de hausses.

L'inventeur n'avait pas prévu la possibilité de cette manœuvre, et voici comment le règlement de la retenue devait être obtenu.

Dans le projet primitif chaque hausse est munie d'un arc-boutant ou béquille dont l'extrémité supérieure est fixée par une charnière à l'un de ses bras (fig. 24), tandis que son pied est assujetti dans une glissière en fonte scellée sur le couronnement de la partie fixe du déversoir. Une barre en fer cornière, logée dans une coulisse ménagée à cet effet dans le glacis, un peu en arrière de la position occupée par le pied des béquilles, règne horizontalement d'une extrémité à l'autre du déversoir ; elle traverse toutes les glissières, et l'une de ses branches, la branche horizontale, affleure le fond, tandis que l'autre, la branche verticale, s'appuie contre les rebords ; elle est d'ailleurs libre de se mouvoir horizontalement.

Si dans cet état on fait sur les conduites alimentaires des tambours la manœuvre d'abatage, le pied des béquilles rencontrant bientôt la branche verticale de la cornière butera contre ce heurtoir et les hausses s'arrêteront dans leur mouvement d'abaissement.

Si la branche verticale de la cornière a été échancrée de distance en distance et si on a amené préalablement quelques-unes de ces coches à correspondre avec les gorges d'un même nombre de glissières, et l'une de ses branches, au passage du pied des béquilles et les hausses dont elles dépendent s'inclineront ; il a donc suffi d'espacer convenablement les coches pour que l'on puisse abattre à volonté un certain nombre de hausses.

On peut avoir plusieurs barres à coches espacées sur le glacis de manière à arrêter les hausses dans diverses positions pendant leur mouvement d'abatage.

La figure 24 suppose qu'il y a une seule barre à coche placée de manière à pouvoir maintenir les hausses sous un angle de 45° dans la position indiquée en pointillé.

Si la disposition des lieux permet de se contenter du mode de règlement obtenu en abattant complétement un certain nombre de hausses au moyen d'une combinaison d'ouvertures des vannes, les béquilles sont inutiles, et en effet elles ont été supprimées dans quelques barrages.

M. Desfontaines avait posé comme règle, non absolue, mais satisfaisant bien aux convenances diverses de son système : 1° d'élever la partie fixe du déversoir jusqu'au milieu de la chute en étiage ; 2° de limiter à 0ᵐ,40 l'enfoncement de la cavité des tambours au-dessous de l'étiage ; 3° de donner à la contre-hausse une hauteur supérieure d'environ 1/10 à celle de la hausse.

Toutefois, l'existence d'un seuil aussi élevé peut avoir des inconvénients, soit sous le rapport de l'écoulement des crues, soit sous le rapport de la navigation en rivière libre, quand les eaux naturelles offrent une profondeur suffisante ; cette élévation du seuil peut alors créer dans la passe un rapide dangereux.

Il paraît possible de s'écarter un peu de la règle posée par l'inventeur et d'abaisser le seuil du déversoir ainsi que les cavités des tambours.

Les barrages de la Marne ont moyennement la composition suivante, abstraction faite des écluses :

Une passe navigable de 25 mètres fermée par 20 hausses Chanoine ; leur seuil est à 0ᵐ,60 sous l'étiage.

Un déversoir de 40ᵐ,50 fermé par 23 hausses Desfontaines. Leur seuil est à 1ᵐ,20 sur l'étiage.

La hauteur des retenues est d'environ 2ᵐ,40 au-dessus de l'étiage.

Les prix de revient sont moyennement les suivants :

Passe navigable, prix du mètre courant.	4,185 fr.	00
Déversoir id.	2,400	00
Les parties mobiles du déversoir coûtent moyennement par mètre courant	842	00

HAUSSES A PRESSES HYDRAULIQUES (SYSTÈME GIRARD). — Les hausses inventées par M. Girard ont leur axe de rotation fixé sur le couronnement du radier, comme celles de M. Thénard, chacune d'elles est actionnée au moyen d'une presse hydraulique qu'un robinet met à volonté en communication avec un accumulateur établi sur la rive. La tige du piston de cette presse est reliée à la hausse; elle lui sert d'arc-boutant, la redresse ou la couche suivant le jeu du robinet qui règle l'introduction et la vidange de l'eau en pression (fig. 26).

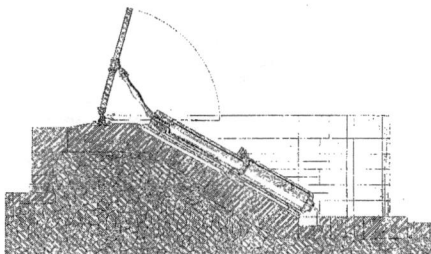

Fig. 26. — COUPE D'UN DÉVERSOIR MUNI DE HAUSSES GIRARD.

L'accumulateur peut être chargé d'avance soit en utilisant la chute du barrage, soit au moyen d'un moteur spécial quelconque; il semble donc que le système Girard est susceptible de s'adapter aux passes navigables, toutefois il n'a été appliqué jusqu'à présent qu'au déversoir de l'île Brûlée, située sur l'Yonne, à 1800 mètres en aval d'Auxerre.

Ce déversoir a 25 mètres de longueur; son seuil est arasé à 2 mètres en contre-bas de la retenue; il se trouve à $0^m,15$ sous la retenue d'aval, la chute normale étant de $1^m,85$.

Les hausses sont au nombre de 7; elles ont $3^m,52$ de largeur sur $1^m,97$ de hauteur, mesurée suivant la hausse. Quand elles sont relevées, elles présentent un fruit total de $0^m,40$; quand on les abat, elles se couchent horizontalement.

Les sept presses sont en fonte, leur diamètre extérieur est de $0^m,40$. Le piston a un diamètre de $0^m,30$ et glisse dans une garniture en cuir embouti qui forme un joint d'autant plus étanche que la pression est plus forte.

Les tuyaux d'alimentation débouchent au fond des corps de presses; leur diamètre est de $0^m,25$, il y en a un pour chaque presse. Ils sont logés dans un caniveau réservé dans le radier.

L'accumulateur est formé par un cylindre en fonte de $0^m,66$ de diamètre intérieur et de $3^m,50$ de hauteur; l'épaisseur des parois est de $0^m,05$. Il a été éprouvé, ainsi que tous ses appareils, sous une pression de 35 atmosphères.

Les organes du barrage ont été calculés de manière à ne jamais dépasser une pression de 25 atmosphères, pression nécessaire pour relever une hausse sous la chute complète de $1^m,85$.

On diminue d'ailleurs beaucoup l'effort qu'exige le relèvement d'une hausse en ménageant vers le sommet une ouverture garnie elle-même d'une petite hausse Chanoine. Cette petite hausse, désignée sous le nom de *papillon*, se met en bascule au moment du redressement et décharge d'autant la volée de la grande hausse; le papillon se referme de lui-même quand celle-ci est dressée.

Lorsque le barrage est fermé, la pression dans les tubes ne dépasse pas 7 ou 8 atmosphères.

Le prix de revient du déversoir de l'île Brûlée s'est élevé à 2000 fr. le mètre courant, non compris la maçonnerie, soit en tout 3000 fr. par mètre courant.

INDICATION DE QUELQUES AUTRES SYSTÈMES DE BARRAGES. — Les barrages mobiles ont pris depuis quelques années une place si importante parmi les ouvrages de navigation que plusieurs ingénieurs se sont livrés à la recherche de nouveaux systèmes qui paraissent fort ingénieux, mais sur lesquels l'expérience n'a pas encore prononcé.

Les principaux de ces systèmes sont : ceux de MM. Krantz, Cuvinot, Carro, Caméré, Pochet et Boulé.

Nous nous bornons à les énoncer parce qu'ils n'ont pas encore reçu d'application définitive.

Celui de M. Caméré est en ce moment expérimenté sur la basse Seine et paraît donner de bons résultats; il consiste à remplacer les aiguilles des barrages Poirée par une série de stores qui viennent s'enrouler à volonté au-dessus de la passerelle de service.

ÉCHELLES A POISSONS. — On sait que certaines espèces de poissons quittent à des époques déterminées les plages maritimes et remontent les eaux douces pour trouver des endroits favorables à leur reproduction.

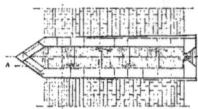

La canalisation des rivières est venue apporter un obstacle à cette migration périodique, mais on a remédié au mal au moyen d'ouvrages très-simples connus sous le nom d'*échelles à poissons* (fig. 27 et 28).

Ces échelles représentent une sorte de cascade à gradins qui permet aux poissons de franchir en plusieurs bonds la chute du barrage. On les place ordinairement dans une pile, leur inclinaison générale est d'environ 1/8 et leur largeur est d'environ 1^m,50.

Fig. 27. — Plan d'une échelle a poissons.

Sur la basse Seine les poissons voyageurs fréquentent très-peu les échelles, ils préfèrent les petites ouvertures qu'on laisse à leur intention dans le réseau d'aiguilles composant chaque barrage.

Fig. 28. — Coupe suivant A, B, du plan de l'échelle a poissons.

TÉLÉGRAPHIE DES COURS D'EAU. — L'établissement de lignes télégraphiques reliant les divers barrages et les principaux ports d'un bassin constitue un complément presque indispensable de la canalisation des rivières.

Il faut en effet que les mouvements des barrages puissent s'effectuer avec ensemble; il faut que chaque éclusier soit prévenu des manœuvres isolées qui pourraient affamer ou exhausser son bief; il est utile enfin que les bateliers puissent connaître l'état de la rivière sur le trajet qu'ils ont à parcourir.

Déjà depuis plusieurs années la télégraphie est employée pour l'annonce des crues. On donne aujourd'hui de l'extension à cette première application et on la transforme en un service continu dont il est aisé de comprendre toute l'importance.

L'Yonne, la Marne et la Seine ont maintenant leur télégraphe aboutissant à un poste central placé à Paris, près de l'écluse de la Monnaie.

CHAPITRE V

La navigation artificielle s'établit au moyen de canaux.

Un canal est une sorte de grand fossé dans lequel on peut introduire et conserver l'eau pour y naviguer. Une suite de fossés semblables, mais à des niveaux différents, réunis par des écluses qui servent à passer de l'un à l'autre, constitue un *canal de navigation*. Toutefois certains canaux sont dépourvus d'écluses quand ils servent à relier entre eux deux bassins qui ont sensiblement le même niveau, le canal de Suez en est un exemple. Chaque partie comprise entre deux écluses se nomme *bief*.

L'histoire nous apprend que les plus anciens peuples connaissaient les avantages des canaux et travaillaient à couper les isthmes pour établir une communication entre les diverses contrées.

Nous avons dit au commencement du chapitre III que l'on distingue deux sortes de canaux de navigation, savoir : les *canaux latéraux* qui suivent une même vallée, et les canaux à *point de partage* qui passent d'une vallée dans une autre.

CANAUX LATÉRAUX. — Nous parlerons d'abord des premiers en commençant par rappeler que dans le chapitre IV nous avons expliqué les motifs qui peuvent, dans certains cas particuliers, faire préférer une canalisation latérale à une canalisation en lit de rivière.

TRACÉ. — Le tracé d'un canal latéral paraît très-simple au premier abord, puisque la voie est pour ainsi dire marquée d'avance par le cours d'eau que l'on doit côtoyer. L'étude de détail révèle cependant bien des variantes qui peuvent avoir une grande influence sur les dépenses d'exécution et d'entretien.

La nature du terrain doit d'abord être étudiée. Le sol des vallées est souvent formé de gravier plus ou moins perméable, tandis que le pied du coteau est généralement formé de terre végétale.

En se plaçant au pied des coteaux on a plus de facilités pour rendre le canal insummersible; on a moins de terrassements à faire et les ouvrages d'art plus élevés au-dessus de la nappe d'eau de la vallée sont moins difficiles à fonder. Mais, d'un autre côté, si on se place à flanc de coteau, on est exposé à des glissements.

On doit s'efforcer de rester sur une même rive, sauf à déplacer au besoin sur un certain parcours le lit du cours d'eau. On doit encore dans l'étude du tracé éviter les dépenses résultant du morcellement de propriétés d'une grande valeur. Enfin il faut tenir compte des voies de communication, des affluents et des lieux habités que l'on rencontre; de telle sorte qu'en réalité le choix du tracé exige une étude très-minutieuse.

PROFIL EN TRAVERS. — Jusqu'à présent on s'est contenté de donner aux canaux une largeur suffisante pour le croisement de deux bateaux ; cette largeur est de 10 à 12 mètres au plat-fond avec un léger excédant dans les courbes (fig. 29).

Nous avons expliqué dans le chapitre Ier que cette solution adoptée en vue de la traction par chevaux ne paraît pas convenir pour la marche à la vapeur; en donnant plus de section on évitera la dégradation des berges et du fond et on diminuera la résistance à l'avancement. Les dérivations ou coupures qui vont être exécutées pour améliorer certaines parties de la basse Seine auront 25 mètres de largeur au plat-fond.

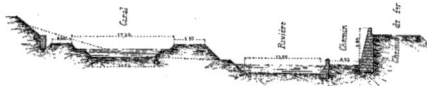

Fig. 29. — PROFIL EN TRAVERS D'UN CANAL LATÉRAL.

Quant à la profondeur, on doit observer que les manœuvres des écluses ont une influence sur le niveau d'eau des biefs et que cette influence est d'autant plus marquée que les biefs sont plus courts; il est donc nécessaire d'avoir une profondeur qui excède de 0^m,20 à 0^m,40 l'enfoncement des bateaux chargés.

L'inclinaison des talus du côté du canal dépend de la nature des terres; elle varie de 1^m,50 à 2^m,50 de base pour 1 mètre de hauteur. On ménage souvent une banquette de 0^m,50 de largeur au niveau de l'eau sur chaque talus pour combattre les effets du clapotement.

La digue qui sert au halage a moyennement une largeur de 4^m,50 au sommet; elle comprend une banquette de 0^m,50 formant garde-corps du côté du canal et une chaussée empierrée de 4 mètres; la digue de contre-halage a une largeur un peu moindre; leur couronnement est à environ 0^m,70 au-dessus de l'eau. Il est avantageux de mettre la digue de halage du côté de la vallée et le marchepied du côté du coteau; on s'oppose mieux ainsi aux filtrations. Quand le terrain est cher ou quand on se trouve sur le flanc d'un coteau à pente très-raide, on peut trouver économie en adoptant un profil entre murs de quai.

ALIMENTATION. — Ordinairement l'alimentation d'un canal latéral ne présente pas de difficultés; c'est la rivière elle-même qui verse ses eaux dans le canal soit directement, soit au besoin par une rigole dérivée d'un point assez élevé. On peut souvent se servir aussi des affluents que l'on rencontre.

L'introduction de l'eau amenée par les rigoles alimentaires ou par les affluents se fait au moyen d'aqueducs passant sous la digue du canal et susceptibles d'être fermés par des vannes. Ces vannes servent soit lorsqu'il y a des réparations à faire au canal ou à la rigole alimentaire, soit lorsque le canal est suffisamment plein, soit enfin lorsque la rigole apporte des eaux troubles; il faut alors leur donner une autre issue et avoir par conséquent un évacuateur quelconque auprès de chaque prise d'eau (fig. 30).

Pour ne pas exposer le canal à être submergé, il faut établir des déversoirs dans les biefs qui ont des prises d'eau abondantes; il faut en outre avoir, de place en place, des décharges de fonds qui permettent de mettre à sec le canal pour y faire les travaux que sa conservation rend nécessaires (fig. 31).

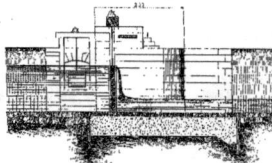

Fig. 30. — BARRAGE ET PRISE D'EAU SUR UN RUISSEAU AFFLUENT.

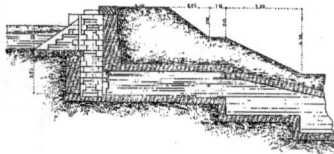

Fig. 31. — COUPE D'UN AQUEDUC OU DÉCHARGE.

PASSAGE DES AFFLUENTS. — On fait ordinairement passer sous le canal les affluents qu'il rencontre. Les ouvrages d'art qui assurent ce passage prennent le nom d'*Aqueduc* ou de *Pont-canal*, suivant leur importance.

Si la différence de niveau entre le canal et l'affluent est peu considérable, l'aqueduc reste toujours noyé et fait siphon, c'est-à-dire que son radier est plus bas que le fond du ruisseau à l'amont et à l'aval. On peut alors bien souvent remplacer l'aqueduc par une ou plusieurs rangées de tuyaux en fonte qui viennent déboucher de chaque côté dans une chambre en maçonnerie construite sous la digue du canal. Ces chambres ont des dimensions suffisantes pour qu'un homme puisse y travailler, et elles sont disposées de manière à pouvoir être mises à sec pour les nettoyer (fig. 32 et 33).

Quand l'affluent rencontré est un cours d'eau considérable, on soutient le canal à un niveau assez élevé pour que les eaux de l'affluent puissent passer dessous à l'air libre, même à l'époque des crues.

Fig. 32. — Coupe longitudinale d'un Aqueduc Siphon formé du ruyau.   Suivant QX.   Fig. 33. — Coupe.   Suivant ST.

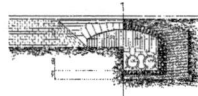

Cette sujétion conduit quelquefois à faire des ouvrages d'une grande importance, comme les ponts-canaux du Guétin et de Digoin qui font passer le canal latéral à la Loire sur l'Allier et sur la Loire. Les ponts-canaux se font en maçonnerie ou en métal.

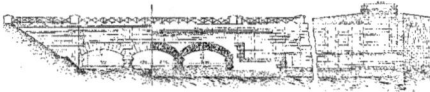

Fig. 34. — Élévation et coupe d'un Pont-Canal avec écluse.

Comme ils sont assez élevés au-dessus de la vallée, et comme on a intérêt à redescendre le plus tôt possible, on place généralement une ou deux écluses immédiatement à la suite d'un pont-canal (fig. 34 et 35).

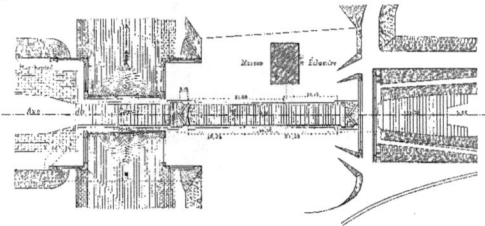

Fig. 35. — Plan d'un Pont-Canal avec écluse.

Pour éviter les grandes dépenses d'un pont-canal, on traverse quelquefois les cours d'eau en lit de rivière; c'est ainsi que le canal latéral à la Loire traverse ce fleuve à Briare; mais les bateaux éprouvent une grande difficulté à entrer et à sortir, et la navigation souffre de cette situation.

INDICATION DE QUELQUES CANAUX LATÉRAUX. — Parmi les canaux latéraux les plus importants nous citerons :

1° Le *canal latéral à la Garonne*, qui fait suite au canal du Midi avec lequel il se raccorde sous les murs de Toulouse. Il suit la rive droite de la Garonne, traverse le Tarn à Moissac, passe à Agen sur la rive gauche du fleuve dans lequel il vient déboucher à Castets après un parcours de 193 kilomètres.

Ce canal a coûté, en y comprenant divers embranchements, 65,552,361 francs; soit 311,000 francs environ par kilomètre. Sa pente totale est de 128m,07. Son alimentation est assurée par les prises d'eau de Toulouse et d'Agen qui lui amènent des eaux dérivées de la Garonne et par une prise faite dans le ruisseau de l'*Avance* à 28 kilomètres de Castets.

2° Le *canal latéral à la Loire*, qui part du lit de la Loire, à Roanne, et suit la rive gauche sur une longueur de 56,043 mètres jusqu'à Digoin où il communique avec le canal du Centre au moyen d'un pont-canal; il continue sur la même rive, traverse l'Allier au Guétin sur un autre pont-canal, puis vient aboutir en Loire à Châtillon. La longueur totale est de 263,201 mètres. La pente totale est de 174^m,10; elle est rachetée par soixante écluses auxquelles il faut en ajouter sept pour divers embranchements. La dépense de construction a été de 43,856,318 francs, soit environ 170,000 francs par kilomètre. L'alimentation est assurée au moyen des prises d'eau faites dans la Loire, la Bèbre, l'Obron, la Clotâtre et l'Allier. Une écluse de garde placée à l'origine permet d'isoler le canal quand la Loire est en crue.

3° Le *canal latéral à la Marne*, entre Dizy et Donjeux, sur une longueur de 133^{km},50.

La partie comprise entre Vitry et Dizy a été terminée en 1865 et a coûté 7,950,000 francs, soit 127,000 francs par kilomètre. La pente est de 28^m,07, elle est rachetée par quatorze écluses.

La partie comprise entre Vitry et Donjeux est terminée jusqu'à Saint-Dizier et en cours d'exécution entre Saint-Dizier et Donjeux; elle aura coûté 15,588,848 francs, soit 222,000 francs par kilomètre.

CANAUX A POINT DE PARTAGE. — Les canaux à point de partage sont, comme nous l'avons déjà dit, ceux qui servent à passer d'un bassin dans un autre et qui franchissent par conséquent une chaîne de montagnes.

TRACÉ ET ALIMENTATION. — La condition principale à laquelle le tracé doit satisfaire est de traverser la chaîne en un point où l'on puisse recueillir assez d'eau pour assurer l'alimentation des biefs supérieurs du canal; il en résulte que le bief culminant, nommé *bief de partage*, doit se trouver à un niveau assez bas relativement aux terrains environnants, et on est souvent conduit à le faire soit en tranchée profonde, soit même en souterrain.

A mesure que l'on s'éloigne du faîte, les biefs successifs s'abaissent peu à peu et on les alimente directement au moyen des eaux que l'on peut recueillir le long du parcours; leur abondance augmente à mesure que l'on descend dans chaque vallée, et on fait en sorte de ne pas avoir un parcours de plus de 20 à 25 kilomètres sans rencontrer une prise d'eau.

Fig. 36. — DIGUE DU RÉSERVOIR DE MONTAUBRY. Coupe suivant l'aqueduc de prise d'eau.

Il est assez rare de rencontrer à un niveau supérieur au point de partage, des cours d'eau suffisants pour alimenter naturellement les biefs supérieurs; on y supplée au besoin en approvisionnant dans des réservoirs les produits de la saison pluvieuse pour les utiliser ensuite à l'époque des sécheresses. Ces réservoirs sont analogues à ceux affectés à l'alimentation des villes et aux irrigations (fig. 36.)

Les prises d'eau que l'on rencontre successivement en descendant chaque branche sont utilisées non-seulement pour entretenir l'eau du canal, mais aussi pour le remplir après un chômage. Enfin elles sont disposées de manière à pouvoir se compléter mutuellement dans une certaine mesure pour le cas où quelques-unes viendraient à être momentanément supprimées.

Indépendamment de l'écoulement dû au passage des bateaux, l'eau d'un canal éprouve des pertes par évaporation, par infiltration et par les fissures des portes et des vannes des écluses. On évalue l'ensemble de ces pertes à 1 mètre cube par mètre courant de canal et par vingt-quatre heures pendant les premières années qui suivent la construction; ces pertes vont ensuite en diminuant à mesure que le canal s'étanche, et elles ne doivent plus dépasser environ un dixième de mètre cube au bout de quelques années. Ces chiffres supposent une largeur de 10 mètres au plafond et environ 15 mètres à la ligne d'eau; il est facile d'en conclure ceux qui conviennent à toute autre section.

Quant à la dépense d'eau qui résulte du mouvement de la navigation, elle dépend non-seulement de la dimension des écluses, mais encore du chargement des bateaux, de leur nombre, de leur parcours, de leur ordre de passage, et en général d'éléments inconnus sur lesquels on peut faire d'avance des hypothèses plus ou moins approchées de la réalité.

Sur le canal de la Marne au Rhin on a admis que la somme de toutes les dépenses d'eau causées soit par les filtrations, soit par l'évaporation, soit par la circulation des bateaux, n'atteindrait pas $1^{m.c.},50$ par mètre courant et par vingt-quatre heures pour chacun des deux versants. Ce volume a été porté à 2 mètres cubes pour le bief de partage et l'expérience a confirmé ces prévisions. On peut en général, au moyen d'hypothèses analogues, calculer le volume d'eau qu'il convient d'amener sur chaque section d'un canal quelconque.

La prise d'eau supérieure doit alimenter le bief de partage et les biefs suivants jusqu'à la rencontre de la première prise d'eau sur chaque versant; mais par prudence on calcule cette alimentation jusqu'à la seconde prise d'eau de chaque versant. On connaît donc le volume à mener dans le bief de partage. De même sur chaque versant on considère la première prise d'eau comme devant alimenter jusqu'à la troisième et ainsi de suite.

En jaugeant les cours d'eau naturels, aux différentes époques de l'année, il est facile de connaître le volume que l'on peut recueillir sur un point déterminé. Si le volume disponible est insuffisant, on peut être amené à le compléter au moyen de machines élévatoires ainsi qu'on vient de le faire pour le canal de l'Aisne à la Marne.

PROFIL EN LONG ET ÉCLUSES. — Entre deux prises d'eau successives on doit conserver autant que possible un type uniforme pour les écluses et pour les biefs, afin que le même volume d'eau puisse pour ainsi dire accompagner un bateau descendant et suffire à son passage dans les différentes écluses sans qu'il soit besoin de faire venir un volume d'eau supplémentaire à travers plusieurs biefs, ou sans qu'il y ait un excédant s'écoulant sans utilité.

Les écluses à chutes successives multiples ont le défaut d'augmenter la dépense d'eau et le temps des croisements. L'économie de construction qu'elles procurent est peu important, elles sont aujourd'hui condamnées après avoir joui d'une grande faveur autrefois.

TRAVAUX D'ART. — On rencontre sur les canaux à point de partage des ponts, des aqueducs de décharge et de vidange et des rigoles d'alimentation, comme sur les canaux latéraux. Nous ne reviendrons pas sur ces ouvrages d'art qui ne présentent rien de particulier.

ÉTANCHEMENTS. — Les terrains que traverse un canal sont quelquefois tellement perméables que l'eau disparaît à mesure qu'elle est introduite. On étanche ces terrains en employant divers procédés suivant le degré d'importance des pertes.

Sur le canal de la Marne au Rhin, où les pertes se sont élevées parfois, dans l'origine, à 30 mètres cubes par mètre courant et par vingt-quatre heures, on a adopté la règle suivante :

1° Quand le volume absorbé dépassait 3 mètres cubes par mètre courant et par vingt-quatre heures,

Fig. 37. — ÉTANCHEMENT EN BÉTON ET TERRE.

on appliquait sur le fond et sur les bords une couche de béton de $0^m,10$ à $0^m,15$ d'épaisseur, recouverte d'une chape de $0^m,02$ sur laquelle on mettait un remblai en terre de $0^m,30$. Le béton était fait avec de petits matériaux (fig. 37).

2° Quand le volume absorbé était compris entre 2 mètres cubes et 3 mètres cubes par mètre courant et par vingt-quatre heures, on se bornait à faire un corroi en terre en remaniant le fond et les talus sur une épaisseur moyenne de $0^m,50$ et en pilonnant par petites couches de $0^m,10$ après avoir arrosé avec du lait de chaux (fig. 38).

III.   13

3° Quand les filtrations étaient inférieures à 2 mètres cubes par mètre courant et par vingt-quatre heures, on se bornait à étancher en jetant du sable et en troublant l'eau au moyen de herses ou de râteaux, puis ensuite en égalisant la surface avec des racloirs.

Fig. 38. — ÉTANCHEMENT EN TERRE   Fig. 39. — ÉTANCHEMENT EN TERRE.

Si les filtrations se font jour à travers les talus, on les étanche au moyen de tranchées disposées de diverses manières comme l'indique la figure 39, suivant le trajet de l'eau. Ces tranchées sont remplies en terre choisie et bien pilonnée.

INDICATION DE CANAUX A POINT DE PARTAGE. — Parmi les canaux à point de partage exécutés en France nous indiquerons les suivants, dont nous avons déjà dit quelques mots dans le chapitre 1er.

1° Le canal de Briare, le premier en date parmi les canaux à point de partage de l'Europe.

Entrepris en 1604 sous l'intelligente impulsion de Henri IV et de Sully, il ne fut terminé qu'en 1642. Il part de Buges où il se soude aux canaux d'Orléans et du Loing, franchit le faîte qui sépare les bassins de la Seine et de la Loire et vient à Briare se réunir à la Loire et au canal latéral. Sa longueur est de 59k10. Ses 43 écluses sont placées : 12 sur le versant de la Loire et 31 sur celui de la Seine. Il est alimenté par 18 réservoirs d'une superficie totale de 480 hectares dont l'eau est amenée par des rigoles ayant un développement total de 59,660 mètres.

Le canal de Briare a coûté 13 millions, soit environ 220,000 fr. par kilomètre.

2° Le canal du Midi, proposé par Riquet en 1662 et terminé en 1684. Il prend son origine à Toulouse où il communique avec la Garonne, il remonte ensuite la vallée de l'Hers, franchit à Naurousse le faîte qui sépare les versants de l'Océan et de la Méditerranée, descend par les vallons du Tréboul et de Fresquel dans la vallée de l'Aude, quitte cette vallée au Somail et se dirige vers Béziers où il traverse l'Orb, il franchit ensuite l'Hérault près d'Agde et vient aboutir au port des Onglous sur l'étang de Thau qui communique avec le port de Cette.

Un embranchement part du Somail, passe à Narbonne et aboutit au port de la Nouvelle.

La longueur totale du canal du Midi et de son embranchement est de 277km,20. Le bief de partage est à l'altitude 189 mètres. La somme des pentes et contre-pentes est de 282m,50 rachetés par 119 écluses.

La partie supérieure du canal est alimentée par les réservoirs de Saint-Ferréol et de Lampy, pouvant contenir ensemble plus de 8 millions de mètres cubes. Leurs eaux sont conduites au bief de partage de Naurousse par une rigole de 86 kilomètres de développement. Les parties inférieures sont alimentées par l'Orb, l'Hérault et l'Aude.

Le canal du Midi paraît avoir coûté environ 36 millions de francs, dont les deux tiers furent fournis par le Roi ou par les États du Languedoc.

3° Le canal du Centre réunit la Saône à la Loire. La pensée de sa construction remonte au règne de François Ier. Étudié ensuite par ordre de Henri IV et de Sully, il ne put être entrepris après bien des vicissitudes qu'en 1783, sous la direction de Gauthey, premier ingénieur de la province de Bourgogne. Sa longueur est de 120km,9, et y comprenant la rigole de Torcy. Les dépenses se sont élevées à 17,784,395 fr., soit environ 147,000 fr. par kilomètre. Le bief de partage est à l'altitude 301m,18. La somme des pentes et des contre-pentes est de 207m,16 rachetés par 84 écluses dont 52 sur le versant de la Saône et 32 sur celui de la Loire.

L'alimentation est assurée par 17 prises d'eau dont 7 sur le versant de la Saône et 10 sur le versant de la Loire, et par 14 réservoirs dont la contenance totale est d'environ 14 millions de mètres cubes.

Nous n'irons pas plus loin dans cette énumération qui prendrait trop de place si nous voulions la faire complète ; les indications qui précèdent suffisent pour donner une idée des travaux de canalisation exécutés en France.

DEUXIÈME PARTIE

ALIMENTATION EN EAU DES VILLES

CHAPITRE PREMIER

INDICATIONS GÉNÉRALES

Nous nous proposons d'exposer ici les faits principaux qui intéressent l'alimentation en eau des villes.

Il est assurément superflu d'insister sur l'utilité de cette alimentation. Fournir en abondance de l'eau salubre aux diverses parties d'une grande ville et l'y distribuer avec régularité jusque sur les points culminants, donner ensuite un écoulement aux liquides impurs et en tirer profit, tel est l'ensemble de l'important problème dont nous allons indiquer les diverses solutions.

Nous commencerons par passer rapidement en revue quelques-uns des travaux les plus importants exécutés soit en France, soit à l'étranger. Nous exposerons plus facilement ensuite les principes généraux applicables dans l'espèce, et nous terminerons par l'étude de l'alimentation de Paris.

AQUEDUCS DES ROMAINS. — Rappelons d'abord les grands travaux accomplis en ce genre par le génie des Romains. L'Europe, une partie de l'Asie et de l'Afrique sont encore sillonnées d'anciens aqueducs qui témoignent par leurs majestueuses proportions de la grandeur du peuple qui les a construits.

Dès la fin du 1ᵉʳ siècle de notre ère, sous les empereurs Nerva et Trajan, neuf dérivations apportaient dans Rome un immense volume d'eau et desservaient la ville à des niveaux différents. Six de ces dérivations, nommées *Appia, Marcia, Aqua Virgo, Claudia, Anio Vetus, Anio Novus*, avaient leurs prises dans la vallée de l'Anio ; deux autres, *Tepula* et *Julia*, détournaient les sources de petits affluents de la rive gauche du Tibre ; enfin la dernière sortait du lac Alsietinus et lui empruntait la désignation d'*Alsietina*.

Ces eaux, coulant librement dans des aqueducs en maçonnerie, franchissaient les vallées sur des arcades et venaient se déverser dans de vastes réservoirs dont le plus élevé se trouvait à 47 mètres au-dessus du quai du Tibre, c'est-à-dire à 3 mètres au-dessus de la plus haute des sept collines de Rome.

Le volume d'eau ainsi dérivé était de 1,488,300 mètres cubes par vingt-quatre heures ; il alimentait les palais, les jardins, les viviers, les camps, les bains, les naumachies, les théâtres, les fontaines publiques et les égouts.

On n'a pas de documents précis sur la population de la ville à cette époque. Gibbon l'évalue à

1,200,000 habitants; Dureau de la Malle pense qu'elle ne dépassait pas 562,000 personnes. Le produit des aqueducs donnait donc 1240 litres par tête et par jour, en admettant le plus élevé de ces deux chiffres.

Trajan fit classer ces eaux suivant leur degré de pureté. La plus limpide, celle de l'aqueduc *Marcia*, fut réservée aux besoins domestiques; celle de l'*Anio*, souvent limoneuse, fut affectée au lavage des égouts; celle de l'*Alsietina*, peu salubre, était destinée à la naumachie d'Auguste.

L'empereur Zénon, devançant nos anciens édits, déclarait imprescriptibles et inaliénables les droits de la ville sur la propriété des eaux et de leurs conduites.

Aujourd'hui encore, après tant de vicissitudes, la ville de Rome use de quelques-uns de ces vieux aqueducs restaurés ou complétés par les soins des souverains pontifes. L'antique *Aqua Virgo* subsiste sous son nom. L'*Eau Felice*, due à Sixte V, chemine sur les arcades Claudia et Marcia. L'*Eau Paola*, dérivée par ordre du pape Paul V, vient du lac Bracciano et de quelques sources de la rive droite du Tibre. Ces trois dérivations donnent ensemble plus de 180,000 mètres cubes pour une population qui ne dépasse pas 170,000 habitants, soit 1060 litres par tête et par jour.

La longueur totale des trois acqueducs est de 101 kilomètres. L'*Eau Vierge* arrive dans Rome à l'altitude de 22 mètres au-dessus de la mer, l'*Eau Felice* arrive à l'altitude de 58 mètres et l'*Eau Paola* à l'altitude de 76 mètres.

Malgré leur préférence marquée pour l'emploi d'arcades monumentales à la rencontre des vallées, les ingénieurs romains nous ont laissé diverses applications remarquables du siphon. Les trois anciens aqueducs de Lyon, et surtout celui du mont Pila, en offrent des exemples. Ce dernier aqueduc avait été construit par ordre de l'empereur Claude pour desservir les jardins du palais situé sur le point le plus élevé de la montagne de Fourvières. Les eaux du mont Pila, recueillies non loin de Saint-Étienne-en-Forez, à 50 kilomètres environ, devaient franchir avant d'arriver à la ville un certain nombre de vallées plus ou moins profondes. L'aqueduc passait treize de ces dépressions sur des arcades assez élevées pour laisser couler l'eau en conduite libre avec une faible pente. Mais pour trois vallons dont l'un, celui de

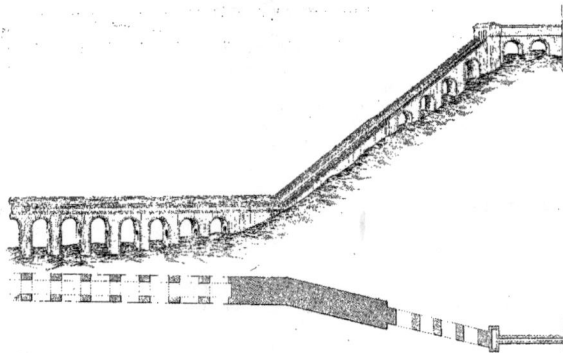

Fig. 40. — Vue et plan de l'Aqueduc du mont Pila.

l'Izeron, ne s'abaissait pas à moins de 100 mètres au-dessous du niveau de l'aqueduc, la dépense avait paru sans doute trop considérable et l'on avait eu recours au siphon. Douze tuyaux de plomb de 8 pouces (0^m,216) de diamètre partaient du fond d'un réservoir dans lequel l'aqueduc versait son produit en arrivant au Val de l'Izeron, puis descendaient sur le flanc de la montagne, traversaient le fond de la vallée sur des arcades de 12 mètres de haut et remontaient sur la rive opposée pour aboutir à un second réservoir formant la tête de l'aqueduc continué (fig. 40).

Les empereurs Adrien et Septime avaient assuré l'approvisionnement de Carthage au moyen d'un aqueduc qui fut coupé par les Vandales, réparé par Bélisaire, puis enfin détruit par les Arabes et les Espagnols.

Le Bey de Tunis a restauré cet aqueduc qui conduit aujourd'hui à Tunis et aux principaux centres environnants 20,000 mètres cubes dérivés des monts Djoukar et des monts Zaghouan. Il présente une longueur totale de 130 kilomètres dont 34 kilomètres composent la branche des monts Djoukar. Sur les 96 kilomètres de la branche qui part des monts Zaghouan pour aboutir au port de la Goulette, 41 kilomètres sont en conduites forcées.

DISTRIBUTION D'EAU AUX ÉTATS-UNIS. — Si maintenant nous jetons un coup d'œil au delà de l'Océan sur les travaux récents qui donnent de l'eau aux grandes villes de l'Amérique du Nord, nous retrouvons, dans des proportions moins grandioses, il est vrai, le principe des distributions abondantes; mais nous remarquerons que sans méconnaître les qualités spéciales des eaux de source, on s'est généralement contenté des eaux des rivières ou des lacs.

Pour alimenter New-York, on a barré la rivière du Croton dont on a transformé le lit en une sorte de lac de 160 hectares. On en tire moyennement par jour 159,000 mètres cubes qui sont amenés au parc central par une succession d'aqueducs (fig. 41) et de siphons dont l'ensemble a une longueur de 65km,269. Ce volume correspond à peu près à 200 litres par jour et par habi-

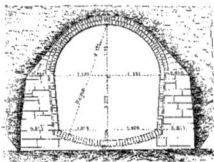

Fig. 41. — Coupe de l'Aqueduc du Croton.

tant. La dépense s'est élevée à 70 millions, et on a constaté que pendant les grandes chaleurs la consommation du samedi atteint en moyenne 400 litres par habitant.

La ville de Boston tire du lac Cochituate, situé à 30 kilomètres, un volume d'environ 38,000 mètres cubes par 24 heures, soit 390 litres par habitant; la dépense a été de 27 millions (fig. 42).

La rivière du Potomac envoie à la ville de Washington, par une dérivation de 21 kilo-

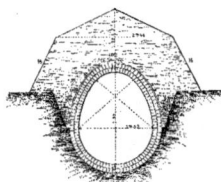

Fig. 42. — Coupe de l'Aqueduc de Cochituate.

mètres environ, 45,000 mètres par 24 heures. Ce volume, réuni à celui d'une autre dérivation, assure 372 litres par habitant; la dépense s'est élevée à 20 millions (fig. 43).

A Philadelphie, à Chicago, à Montréal, on n'a pas, comme pour

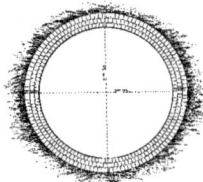

Fig. 43. — Coupe de l'Aqueduc du Potomac.

les trois villes précédentes, amené les eaux dans de grands aqueducs rappelant ceux des Romains, on s'est borné à l'emploi de machines élévatoires qui prennent l'eau dans le Schuylkill, dans le lac Michigan et dans le Saint-Laurent, et l'envoient dans des bassins placés à différentes altitudes.

DISTRIBUTION D'EAU EN ANGLETERRE. — Signalons maintenant la grande extension donnée dans ces dernières années aux approvisionnements en eau de Londres, de Glasgow et de Manchester.

Londres, qui est alimentée par l'intermédiaire de huit compagnies différentes, consomme journellement de 450,000 à 500,000 mètres cubes d'eau pour une population de 3 millions d'habitants, soit 136 litres par jour et par habitant. Cette dotation est sensiblement la même que celle de Paris.

Ces 500,000 mètres cubes sont distribués à l'aide de machines à vapeur dont la force totale est d'environ 11,000 chevaux; 300,000 mètres cubes sont pris dans la Tamise en amont de Londres et 200,000 sont pris dans le Lea River.

On juge aujourd'hui cette alimentation insuffisante, et comme la Tamise ne débite que 15 mètres cubes en étiage, à Hampton, en amont de Londres, soit 1,296,000 mètres cubes en vingt-quatre heures, volume dont le tiers est déjà enlevé aux riverains d'aval, on songe à aller chercher des eaux de sources à 300 kilomètres, moyennant une dépense de 250 millions, et à amener ainsi un million de mètres cubes d'eau par jour à 80 mètres au-dessus du niveau de la Tamise.

A Glasgow, on a terminé, en 1860, les magnifiques ouvrages qui, avec quelques travaux supplémentaires, amèneront du lac Katrine et des lacs voisins un approvisionnement journalier de 225,000 mètres cubes, soit 560 litres par habitant. L'aqueduc a environ 42 kilomètres de longueur; 36 sont en maçonnerie et en conduite libre d'une section intérieure de 2^m,40 de largeur sur 2^m,40 de hauteur sous clef, avec 0^m,158 de pente par kilomètre et 6 kilomètres, sont en siphon. Ces derniers ne comprennent jusqu'à présent qu'une seule conduite en fonte de 1^m,20 de diamètre, mais ils sont préparés pour en recevoir plus tard

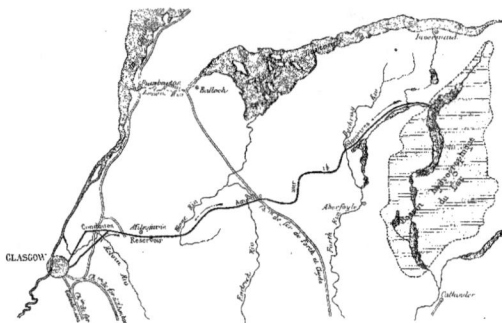

Fig. 44. — PLAN DE LA DÉRIVATION DU LAC KATRINE.

deux autres semblables (fig. 44 et 45). L'ensemble a coûté 23 millions. A cette dépense il convient d'ajouter 17 millions d'indemnités allouées aux compagnies qui avaient le monopole des eaux de la ville et qui

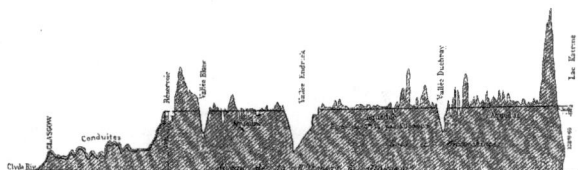

Fig. 45. — PROFIL EN LONG DE LA DÉRIVATION DU LAC KATRINE.

puisaient dans la Clyde et refoulaient à l'aide de machines à vapeur une eau insuffisante et de plus en plus corrompue par les déjections de la grande cité industrielle.

Enfin, à Manchester, on a exécuté pour environ 32 millions de travaux de drainage et de dérivations qui assurent un approvisionnement de 114,000 mètres cubes par vingt-quatre heures, soit 190 litres par habitant.

DISTRIBUTIONS D'EAU EN ESPAGNE. — L'Espagne n'est pas restée en arrière dans cette recherche des eaux, elle a voulu doter sa capitale d'une distribution abondante et pourvoir en même temps à l'irrigation des campagnes arides qui environnent Madrid. Le canal d'Isabel II, commencé en 1851 et terminé en 1866, dérive 200,000 mètres cubes par 24 heures du rio de Lozoya, et les amène à 111 mètres au-dessus du niveau d'étiage du Mançanarès. La vallée du Lozoya, barrée par un massif de maçonnerie de 30 mètres de hauteur, a été transformée en un lac contenant plus de 3 millions de mètres cubes. L'aqueduc a 76 kilomètres de longueur; il présente une section de 2^m,15 de largeur sur 2^m,80 de hauteur sous clef, sa pente est de 0^m,20 par kilomètre. Cette pente est portée à 0^m,67 dans les souterrains et à 1^m,50 sur les ponts-aqueducs, afin d'y réduire à la fois la section et la dépense. Les grandes vallées sont franchies au moyen de conduites forcées composées de quatre tuyaux en fonte de 0^m.92 de diamètre. Trois de ces tuyaux suffisent au débit normal.

En évaluant la population de Madrid à 320,000 habitants, le débit de 200,000 mètres cubes représenterait plus de 600 litres par tête, mais les 5/6es environ de volume étant affectés aux irrigations, il ne reste plus que 100 litres par tête et par jour pour les besoins de la ville.

Xérès, Valence et d'autres villes d'Espagne ont exécuté des dérivations analogues.

Nous ne pousserons pas plus loin cette revue des ouvrages d'alimentation et d'assainissement exécutés à l'étranger. Mais avant d'étudier les travaux analogues exécutés en France, nous allons exposer les principes généraux qui doivent guider en cette matière.

Les travaux et le matériel qui ont pour but l'assainissement des villes se divisent naturellement en quatre parties :

1° Les travaux d'alimentation en eau ;

2° Les travaux, le matériel et les appareils de distribution d'eau ;

3° Les travaux d'égout et de drainage des habitations ;

4° Les travaux relatifs à l'utilisation des produits des égouts.

CHAPITRE II

ÉVALUATION DU VOLUME D'EAU A AMENER. — Lorsque l'on se propose d'amener de l'eau dans une ville, il faut d'abord rechercher quelle est la quantité nécessaire à ses besoins.

Cette quantité dépend non-seulement du nombre des habitants, mais aussi de leurs habitudes, de leurs industries, de son mode d'emploi et en général de bien des conditions qui peuvent varier avec le climat et avec le temps.

On est frappé d'ailleurs du développement que prend bientôt l'usage de l'eau quand on dispose d'une alimentation abondante. On considérait, il y a peu d'années encore, une attribution de 200 litres par jour et par habitant comme largement suffisante, mais l'expérience a démontré que pour satisfaire à la fois les services publics d'une ville et les besoins privés de ses habitants, il faut compter sur une consommation moyenne de 300 à 400 litres par jour et par habitant.

La consommation moyenne annuelle est d'ailleurs bien inférieure à la consommation moyenne pendant la saison chaude, et il est nécessaire que le système d'alimentation puisse suffire à cette dernière. Il ne reste plus alors qu'à pourvoir aux variations diurnes ou horaires au moyen de réservoirs d'une plus ou moins grande capacité.

En évaluant largement le volume d'eau qui doit être amené, on tient compte dans une certaine mesure de l'accroissement futur des besoins, et si par hasard on a dans le présent un excédant disponible, il est facile de lui trouver une application industrielle.

QUALITÉ DES EAUX. — Pour les eaux destinées aux services publics, c'est-à-dire au lavage des ruisseaux et des égouts, à l'alimentation des fontaines monumentales, etc., la qualité est sans importance, celles qui coûtent le moins cher sont donc les meilleures.

Mais la qualité de l'eau est capitale quand il s'agit de satisfaire aux besoins domestiques, à la boisson. Voici comment M. l'inspecteur général Belgrand définit les eaux potables [1] :

« Le service d'une ville doit être fait dans des conditions telles, que la population consomme l'eau dans l'état où elle sort des conduites publiques. C'est un axiome qu'il me paraît inutile de discuter.

« L'eau des conduites publiques doit donc être potable sans aucune préparation, c'est-à-dire fraîche, limpide, sans saveur ni odeur, en un mot agréable à boire. Il faut surtout qu'elle soit salubre et propre à tous les usages domestiques, notamment qu'elle cuise les légumes et dissolve le savon ; la sécurité de la distribution exige aussi qu'elle ne forme pas de dépôts calcaires dans les conduites et n'y développe pas de tubercules ferrugineux.

« L'eau peut être considérée comme salubre lorsque les populations qui en font usage depuis long-temps sont saines, vigoureuses et sans maladies spéciales ; elle cuit bien les légumes et dissout suffisam-ment le savon quand elle ne contient pas de sulfate de chaux en quantité notable, enfin elle n'est pas incrustante quand elle contient moins de 18 centigrammes de résidu solide de carbonate de chaux par litre.

---

1. *La Seine*, Études hydrologiques, page 457.

« L'eau est limpide quand elle laisse voir distinctement les moindres objets dans des profondeurs de 3 et 4 mètres.

« On ne connaît pas bien les conditions du développement des tubercules ferrugineux qui obstruent si vite les conduites, on sait seulement qu'ils croissent rapidement dans quelques eaux chimiquement pures comme celles du granit, surtout lorsqu'elles sont limpides.

« L'eau est fraîche lorsque sa température est en toute saison peu différente de la température moyenne de la localité. A Paris les limites de la fraîcheur de l'eau sont comprises entre 9° et 14° centigrades. Dans le Sahara, l'eau paraît très-fraîche à 23°. »

Les eaux des grandes rivières ne sont généralement pas incrustantes, et les eaux troubles de leurs crues s'opposent au développement des tubercules ferrugineux, mais elles sont souvent louches; de plus, elles sont chaudes l'été et froides l'hiver. Enfin, dans le voisinage des grandes villes elles sont corrompues.

Il est bon de remarquer, d'ailleurs, que les eaux de rivière les plus claires ne sont pas les plus potables, elles permettent en effet à la radiation solaire de déterminer sur le fond une puissante végétation qui donne par moments à l'eau une saveur plus ou moins désagréable.

On pourrait chercher à purifier les eaux de rivière par un filtrage ainsi qu'on le fait à Londres; mais, selon M. Belgrand, les filtres connus jusqu'à présent sont imparfaits, et ceux de Londres en particulier détériorent plutôt qu'ils n'améliorent la qualité de l'eau[1].

Enfin, l'expérience souvent répétée prouve que les variations de la température de l'eau dans les réservoirs et dans les conduites de distribution sont très-faibles; l'eau est distribuée, à 1 ou 2 degrés près, à la même température qu'à son point de puisage. Il est donc fort difficile de réchauffer l'eau de rivière en hiver pour la distribuer sans danger en temps de gelée et de la refroidir en été pour la rendre agréable à boire[2].

Il faut conclure de ce qui précède que les eaux de source convenablement choisies donnent la meilleure eau potable. Le volume d'eau potable doit être évalué à raison d'au moins 50 ou 60 litres par tête[3].

Mais toutes les eaux de sources ne sont pas bonnes, et il faut avoir recours à l'analyse chimique pour reconnaître celles qui sontpotables. Un appareil ingénieux, connu sous le nom d'*hydrotimètre*, a rendu cet examen très-facile.

La présence des sulfates terreux en quantité notable rend l'eau dure, malsaine, ou tout au moins pénible à la digestion; elle s'oppose à la cuisson des légumes, elle ne dissout pas le savon, enfin elle produit à une certaine température des incrustations dangereuses dans les chaudières des machines à vapeur. Toute eau qui contient des sulfates terreux doit donc être proscrite des services domestiques.

Le carbonate de chaux en dissolution dans l'eau est favorable à la santé et communique à la boisson une saveur agréable, pourvu que la quantité n'en soit pas trop considérable. Il ne nuit pas à la cuisson des légumes, mais il agit sur le savon comme les sulfates. S'il est en excès, il incruste à froid les conduites de fonte et les double peu à peu d'un cylindre de pierre dont l'épaisseur croissante réduit progressivement la section restée libre pour le passage de l'eau. L'expérience a démontré que le degré hydrotimétrique ne doit pas dépasser 18° pour que l'eau soit potable et non incrustante, ce qui revient à dire que cette eau ne doit pas contenir plus de 18 centigrammes de sels calcaires par litre[4].

L'étude géologique d'un bassin fait connaître la position des lieux de grandes sources. On sait d'avance qu'elles se trouvent au fond des vallées principales du terrain perméable, on a ainsi une première indication des points sur lesquels on doit porter ses recherches.

Enfin, pour faire choix des sources qui doivent fournir l'eau potable d'une ville, il faut étudier nonseulement leur qualité et les variations de leur débit, mais encore leur altitude, leur éloignement et la configuration plus ou moins tourmentée des contrées que traversera l'aqueduc de dérivation.

On peut souvent, par des travaux de captage bien dirigés, augmenter de beaucoup le volume d'eau à recueillir tout en respectant les susceptibilités et les usages locaux[5].

1. *La Seine*, Études hydrologiques, page 475.
2. *La Seine*, Études hydrologiques, page 480.
3. Premier *Mémoire* de M. le préfet de la Seine, du 4 août 1854, page 36.
4. Deuxième *Mémoire* de M. le préfet de la Seine, du 16 juillet 1858, page 33.
5. Deuxième *Mémoire* de M. le préfet de la Seine, du 16 juillet 1858, page 51.

AQUEDUC DE DÉRIVATION. — L'aqueduc de dérivation doit recevoir l'eau au moment où elle sort de terre, afin de conserver sa température et d'empêcher tout contact avec les végétations d'un canal à ciel ouvert.

Les sources pérennes étant bien plus bas que les plateaux qui les alimentent et ces sources augmentant généralement à mesure qu'on s'abaisse au-dessous de ces plateaux, on a intérêt à donner à l'aqueduc une faible pente afin de recueillir plus d'eau tout en ayant moins de parcours.

La limite inférieure de la pente d'un grand aqueduc est celle qui détermine une vitesse telle que les parties limoneuses en suspension ne se déposent pas dans la cuvette. On doit donc avoir une vitesse d'au moins $0^m,20$ sur les parois, et par suite une vitesse moyenne de $0^m,30$ à $0^m,40$; on obtient cette vitesse avec une pente de $0^m,10$ par kilomètre.

A la rencontre des vallées profondes, on sacrifie souvent par raison d'économie l'effet monumental que produirait un aqueduc sur arcades, et on lui substitue un siphon métallique qui franchit le thalweg sur un pont de peu d'importance, ou même sous terre (fig. 46). En donnant aux tuyaux un diamètre de

Fig. 46. — Indication générale d'un Aqueduc et d'une conduite foncée entre deux ponts A et B.

1 mètre à $1^m,10$, il faut pour débiter 5 ou 600 litres par seconde et par une seule conduite une charge de $0^m,55$ à $0^m,60$ par kilomètre [1].

Il résulte de ces données que l'on doit compter pour l'ensemble de l'aqueduc sur une pente minimum d'environ 15 mètres par 100 kilomètres. Ainsi, connaissant l'altitude du point d'arrivée de l'aqueduc sur l'un des sommets de la ville à alimenter, connaissant aussi l'éloignement du lieu des grandes sources, il est facile d'en déduire l'altitude de celles qui pourront être recueillies.

L'aqueduc de dérivation doit être en maçonnerie, à moins qu'il ne s'agisse que d'un approvisionnement de très-peu d'importance, auquel cas on pourrait se borner à l'emploi de tuyaux en métal, en béton, en ciment et même en poterie.

Les dimensions de la section intérieure sont calculées d'après le volume à débiter. La forme circulaire serait la plus rationnelle, mais la forme ovoïde donne souvent plus de facilité pour la visite de l'intérieur. Cette visite, quand il s'agit d'un grand aqueduc, doit pouvoir se faire à l'aide de petits batelets, sans interrompre complètement le service et en abaissant seulement le plan d'eau.

On place un regard tous les 500 mètres environ. L'aqueduc chemine sous terre à une profondeur variable, d'un mètre au minimum, afin de conserver à l'eau une température constante.

Lorsque l'on franchit une vallée au moyen d'arcades, la conduite doit pour le même motif y être entourée d'un remblai ou d'une enveloppe isolante d'une épaisseur suffisante.

EAUX DESTINÉES AUX SERVICES PUBLICS. — La plupart des précautions que nous venons d'indiquer sont inutiles pour conduire en un point déterminé les eaux destinées aux services publics. Tantôt on les puise en un point rapproché et on les refoule au moyen de machines jusqu'au réservoir de distribution. Tantôt on les amène de pays plus élevés par des canaux découverts qui peuvent en même temps être utilisés pour la navigation et pour les irrigations.

1. *La Seine*, par M. Belgrand, page 157.

CHAPITRE III

TRAVAUX RELATIFS A LA DISTRIBUTION DES EAUX DES VILLES

UTILITÉ DES RÉSERVOIRS. — Une distribution d'eau ne peut se passer de réservoirs. En effet, la consommation est variable, tandis que l'alimentation est constante. Le réservoir donne un approvisionnement de plusieurs jours nécessaire en cas d'accidents, de réparations à l'aqueduc d'amenée; il entretient une pression à peu près constante dans les conduites. Il peut être moins considérable quand l'alimentation est faite par des machines dont le débit peut varier avec les besoins, mais il est encore utile comme régulateur dans ce cas. On le place vers le point culminant de la surface à alimenter.

COMPARTIMENTS. — La distinction que nous avons faite entre les eaux destinées aux usages domestiques et celles qui sont destinées aux services publics exige une distinction correspondante dans le réservoir, soit qu'on leur affecte des constructions séparées, soit qu'on les recueille dans des compartiments distincts d'un même réservoir.

Chaque réservoir doit d'ailleurs être divisé de manière à permettre les réparations sans interrompre le service. Souvent le même réservoir présente plusieurs étages de bassins susceptibles de desservir des zones placées à des altitudes différentes. Quant à la capacité, elle dépend de la réserve que l'on veut constituer pour parer aux accidents possibles.

DIVERSES ESPÈCES DE RÉSERVOIRS. — Les réservoirs découverts ne conviennent que pour l'eau destinée aux services publics; on peut les construire économiquement au moyen d'une simple excavation dans le sol; on recouvre le fond et les parois d'une maçonnerie hydraulique pour empêcher les végétations et les filtrations et pour faciliter le nettoiement.

Les réservoirs destinés aux eaux potables doivent toujours être couverts; ils doivent, en outre, avoir une enveloppe qui s'oppose aux variations de température de l'eau. La couverture est généralement formée de voûtes en briques sur lesquelles on met une couche de terre de 0^m,50 au moins d'épaisseur (fig. 47).

On ménage des ouvertures latérales pour faire circuler l'air à la surface de l'eau.

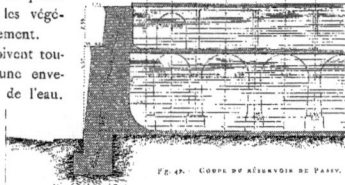

Fig. 47. — COUPE DU RÉSERVOIR DE PASSY.

Si le réservoir doit être un peu élevé au-dessus du sol, on peut le faire en tôle et on l'entoure, ainsi que cela a été expliqué précédemment, d'une enveloppe isolante, si l'eau est destinée aux usages domestiques, ou même si l'on veut simplement protéger le réservoir contre la gelée.

Chaque compartiment de réservoir doit être percé d'un certain nombre d'orifices, savoir: 1° Un orifice de décharge placé au fond pour vider promptement le réservoir en cas de besoin et pour rejeter dans un égout les eaux sales du nettoyage; 2° Un orifice de distribution; 3° Un orifice d'alimentation; 4° Un orifice de trop-plein.

FILTRAGE. — Lorsqu'on ne peut pas se procurer sans trop de dépense des eaux limpides et pures pour les besoins domestiques, ou lorsque ces eaux entraînent avec elles quelques sables fins, il est nécessaire de les clarifier avant de les distribuer.

Cette clarification se fait quelquefois au moment du puisage en se servant du filtre naturel que forme la couche de graviers dans laquelle on prend l'eau; c'est ainsi qu'on opère à Lyon, à Toulouse, à Angers et dans d'autres villes.

A Londres, la clarification s'opère dans les bassins de réception. On se sert de filtres en graviers, composés de couches successives, allant du sable le plus fin jusqu'au gros gravier. L'eau arrive à la surface, traverse ces couches d'une épaisseur totale de 1",50 environ et est recueillie dans les drains et acqueducs qui se trouvent en dessous. Ces filtres donnent de 6 à 8 mètres cubes par 24 heures et par mètre carré de surface filtrante sous une charge de 1",50 à 2 mètres d'eau. Nous avons déjà dit que les résultats obtenus ne paraissent pas complets.

Le filtrage en grand de toute une distribution est d'ailleurs une opération très-coûteuse, aussi se borne-t-on quelquefois à la faire dans des établissements spéciaux sur de petites quantités ou à domicile.

CONDUITES DE DISTRIBUTION. — Le type de la conduite de distribution est toujours représenté à Paris par la *Conduite en fonte avec joints à bagues*. Cette conduite est exclusivement adoptée aujourd'hui pour la *Pose en égout*, à cause de la facilité d'exécution de son joint, soit à froid, soit à chaud et pour la facilité de son enlèvement [1]. Elle repose sur des supports en fonte scellés dans la maçonnerie de l'égout. Des agrafes en fer atténuent les secousses produites par les coups de bélier.

Les tuyaux de tous les diamètres sont cylindriques et unis sans aucune saillie extérieure. Pour faire le joint on pose deux tuyaux consécutifs bout à bout en laissant entre les extrémités un jeu de 0",002 pour la dilatation. On fait glisser sur l'un des tuyaux, pour l'amener sur le joint qu'il partage également, un anneau ou bague en fonte de 0",10 de longueur, légèrement conique à l'intérieur, laissant autour des tuyaux un jeu annulaire pour le joint en plomb de 0",006 d'épaisseur. La bague étant maintenue dans cette position, on coule le joint en plomb et ensuite on le mate des deux côtés pour le rendre étanche. La bague étant légèrement conique, il suffit pour la desceller de frapper fortement sur son pourtour; on la fait ainsi glisser sur l'anneau en plomb dans le sens opposé à sa conicité. Il est inutile de chauffer le joint, ce qui ne serait pas toujours sans inconvénient dans un égout [2].

Le joint à bague paraît jusqu'à présent ne pas présenter de garanties suffisantes quand la conduite au lieu d'être posée dans un égout est simplement enfouie sous terre, on peut alors employer le tuyau à brides ou à emboîtement, mais la dépose de ces derniers est longue et dispendieuse.

Les tuyaux *Chameroy*, en tôle et bitume, sont d'un bon usage là où il y a peu de raccords, de sinuosités, de variations brusques de pression, c'est-à-dire qu'ils peuvent être employés avec sécurité pour conduire les eaux beaucoup plutôt que pour les distribuer, ils présentent une économie d'environ 20 pour 100 sur les tuyaux en fonte, mais leur durée n'est pas encore bien connue.

Les tuyaux en *ciment* sont bons dans les mêmes conditions; ceux employés à la dérivation des eaux de Nice fonctionnent parfaitement sous une pression de trois atmosphères.

Nous en dirons autant des tuyaux *en terre cuite émaillée*, avec joints en ciment, qui présentent l'avantage d'une durée indéfinie. Leur assemblage se fait à l'aide de manchons.

Le réseau de canalisation doit être double ; l'un est affecté à l'eau potable, l'autre aux services publics; chacun d'eux peut se diviser en service haut et service bas [3].

BORNES-FONTAINES. — Le service public est alimenté en France par la *borne-fontaine* ou par la *bouche sous trottoir*.

Cette dernière est plus en usage dans les gandes villes et notamment à Paris. Elle doit atteindre un double but : lavage du ruisseau et prise à haute pression pour l'arrosage et pour l'incendie. Le jet débouche verticalement; il est coiffé d'une coupelle renversée contre laquelle l'eau vient briser sa vitesse et d'où elle s'écoule au ruisseau. La distance de cette coupelle à l'orifice du jet est calculée suivant la pression de l'eau au point considéré pour donner sensiblement un débit qui est, à Paris, de 2 litres par

1. Notice par M. Huet pour l'Exposition universelle de 1867.
2. Notice par M. Mille pour l'Exposition de Londres, 1862.
3. Notice par M. Huet pour l'Exposition universelle de 1867.

seconde. En ouvrant le couvercle de la bouche auquel est fixée la coupelle, l'extrémité du jet est déga-
gée et on y visse soit le tuyau de prise pour arrosage, soit celui d'incendie.

Les eaux limpides qui s'échappent des fontaines publiques peuvent contribuer puissamment à l'ornementation des villes; les Grecs et les Romains nous ont laissé bien des modèles de ces fontaines monumentales, dans lesquelles les motifs de sculpture et d'architecture sont associés aux courbes gracieuses

Fig. 48 à 50. — Fontaine de la place de la Madeleine à Paris.

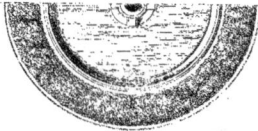

Plan au-dessus de la vasque.   Plan au-dessus de la vasque.

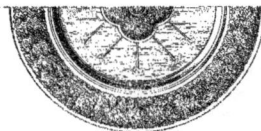

décrites par les jets et par les nappes de liquide. Les places et les squares de Paris présentent de nombreuses applications de ce genre d'ornementation, dont nous donnons ici deux spécimens (fig. 48 à 51).

SERVICE PRIVÉ. — Chaque maison doit avoir sa prise d'eau sur la conduite de la rue, de
manière à jouir d'une alimentation continue. L'établissement de cette prise se fait, en laissant la conduite
en charge, à l'aide d'un collier dans lequel on visse le robinet qui formera robinet d'arrêt et par l'œil
duquel on perce la conduite. Un tuyau de plomb relie cette prise à la maison ; sur ce tuyau et contre la
façade se trouve le robinet de jauge, que précède un second robinet d'arrêt, à la disposition de
l'abonné.

Le robinet de jauge donnant un écoulement continu, de manière à fournir en vingt-quatre heures le
volume concédé à l'abonné, celui-ci est forcé d'avoir un réservoir au haut de la maison.

Pour éviter cet inconvénient, le robinet de jauge est le plus souvent remplacé par un robinet libre; la consommation est alors consentie à forfait avec l'abonné, en admettant 45 litres par habitant, 5 litres par mètre de cour ou de jardin, 100 litres par cheval et 100 litres par voiture.

Les *compteurs d'eau*, admis en Angleterre, ne sont pas employés à Paris; ils coûtent cher d'acquisition et d'entretien ; ils occasionnent une perte de charge, exigent un contrôle coûteux et se dérangent plus ou moins souvent.

Entrée dans la maison, l'eau s'y élève par la conduite ascensionnelle en plomb et rencontre à chaque étage le distributeur, caisse en zinc avec trop-plein, assurant l'écoulement à l'égout en cas d'accident. Une soupape à flotteur, qui prévient le coup de bélier, y introduit l'eau tangentiellement par la partie inférieure [1].

UTILISATION COMME FORCE MOTRICE DE L'EAU D'ALIMENTATION. — L'eau amenée en pression dans chaque maison, peut y être utilisée directement comme force motrice. Tantôt elle actionne un ascenseur qui dessert les divers

Fig. 51. — FONTAINE DE LA PLACE DU CHATELET A PARIS.

étages, tantôt elle agit par son poids pour élever des fardeaux au moyen de l'appareil connu sous le nom de balance hydraulique; tantôt elle met en mouvement de petites turbines qui servent à diverses industries. Enfin, cette eau est quelquefois employée à comprimer l'air que l'on utilise ensuite comme moteur; c'est ainsi que fonctionne la poste pneumatique à Paris.

1. Notice par M. Huet pour l'Exposition universelle de 1867.

CHAPITRE IV

TRAVAUX D'ÉGOUT ET DE DRAINAGE DES VILLES

Amener l'eau dans un réservoir, la distribuer dans toute la ville et l'introduire dans chaque demeure, ce n'est résoudre encore qu'une moitié du problème; l'autre moitié consiste à donner à cette eau, après l'emploi, une issue commode et régulière. Il doit donc y avoir un rapport intime entre l'alimentation et l'égout.

CONDITIONS D'UN BON SYSTÈME D'ÉGOUTS. — Les conditions d'un bon système d'égouts sont les suivantes :

Il faut que les galeries construites sous les voies publiques soient vastes : 1° pour assurer le départ immédiat de toutes les eaux incommodes : eaux pluviales, eaux d'arrosement, trop-plein des fontaines de tout ordre, eaux ménagères, eaux industrielles ; 2° pour recevoir au moins une conduite de distribution, souvent deux, et quelquefois un plus grand nombre, sans que le passage des eaux évacuées en soit obstrué en aucun temps, sans que la circulation des agents et le travail des ouvriers de service en soit gêné; 3° Pour permettre l'application la plus large possible du système de nettoyage des cuvettes d'égouts par des wagons-vannes et le facile transport sur wagons ou sur brouettes, suivant les cas, soit des matières provenant du curage des galeries où le système des chasses ne saurait être employé, soit des immondices de toute espèce dont on voudra débarrasser les habitations et les rues par ces voies cachées [1].

Les eaux des égouts doivent être versées assez loin en aval de la ville pour ne point devenir une cause d'insalubrité; toutefois, il peut être nécessaire de conserver quelques communications plus directes avec l'émissaire pour écouler les grandes pluies d'orage, mais ces communications restent habituellement fermées.

Dans aucun cas, l'eau ne doit atteindre jusqu'aux voûtes, elle produirait alors à l'intérieur des égouts une sous-pression que les maçonneries ne sont pas destinées à supporter.

EMBRANCHEMENTS DES MAISONS. — Chaque maison doit avoir une galerie souterraine s'embranchant sur l'aqueduc de la rue. Cette galerie est fermée par une grille à l'aplomb du mur de façade. La conduite d'eau de la maison y est placée. Les tuyaux des eaux ménagères et pluviales, ainsi que les tuyaux de chute de cabinets d'aisances, y aboutissent.

Les tuyaux des eaux ménagères plongent dans une cuvette qui forme fermeture hydraulique et prévient l'accès des odeurs d'égout dans la maison. De la cuvette où elles aboutissent, les eaux ménagères sont dirigées à l'égout par une conduite spéciale soit en fonte, soit en poterie, reposant sur le radier du branchement. Lorsque l'égout se trouve voisin de la façade de la maison, la cuvette y verse directement son trop-plein, ainsi que cela est représenté sur la figure 52. Cette figure indique aussi les emplacements des tuyaux de gaz et d'eau sous l'avenue de la Grande-Armée, à Paris.

L'écoulement total des vidanges à l'égout n'est pas autorisé à Paris comme à Londres; chaque tuyau de chute aboutit à un appareil séparateur, les liquides s'écoulent par un tuyau en caoutchouc qui communique avec le tuyau des eaux ménagères, les solides restent dans la tinette qui s'enlève par la galerie lorsque cela est nécessaire.

1. Deuxième *Mémoire* de M. le préfet de la Seine, du 16 juillet 1858.

La ventilation de la chambre des tinettes à l'extrémité du branchement, par le moyen d'un conduit en poterie qui s'élève jusqu'au faîte de la maison, complète le système[1].

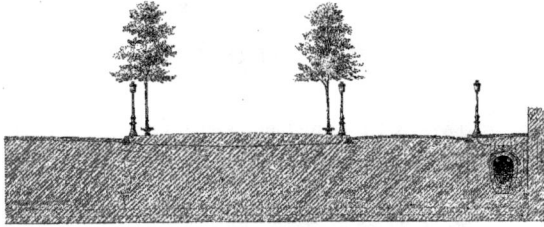

FIG. 52. — PROFIL DE L'AVENUE DE LA GRANDE-ARMÉE, avec égout (moitié de la voie).

Tel est l'ensemble des dispositions qui assurent l'assainissement d'une ville. C'est une sorte de programme qui n'est pas encore réalisé partout, mais dont on applique peu à peu les éléments quand les circonstances le permettent.

1. Notice de M. Huet pour l'Exposition universelle de 1867.

CHAPITRE V

L'abandon des eaux d'égout dans une rivière a deux graves inconvénients, savoir : d'une part l'infection et l'envasement de cette rivière, et d'autre part la perte des matières fertilisantes que contiennent ces eaux.

Les travaux d'alimentation et d'assainissement dont nous avons parlé dans les chapitres précédents exigent donc comme complément l'utilisation du produit des égouts.

On peut employer pour cela divers procédés.

A Londres, les égouts débouchent dans des canaux qui, à l'aide de machines élévatoires, conduisent les eaux impures sur des terrains dont elles assurent la fertilité en les arrosant.

On pourrait peut-être aussi traiter chimiquement les eaux des collecteurs, en retirer sous forme solide les éléments utilisables et laisser écouler à la rivière le liquide purifié. Toutefois des essais faits suivant ce système ont échoué à Leicester, malgré les éloges donnés au procédé Wicksteed qui y était appliqué. Le traitement chimique est resté jusqu'à présent un procédé de laboratoire inapplicable à de grands volumes.

Enfin on peut imaginer un système mixte qui consiste à séparer sous forme de précipité gélatineux les matières en suspension, puis à refouler ou à laisser écouler ensuite vers les terrains à arroser ou dans la rivière les eaux à demi purifiées qui contiennent encore des matières organiques en dissolution.

UTILISATION DES EAUX D'ÉGOUT DE PARIS. — Le service municipal de Paris avait d'abord admis l'application partielle de ce dernier système, faute de trouver immédiatement une surface de terrain assez étendue pour utiliser ou pour purifier toute l'eau; mais en présence des résultats obtenus dès le principe par l'irrigation, les demandes des cultivateurs de la banlieue se sont multipliées et les ingénieurs ont pu fermer leurs bassins de dépôt pour envoyer directement à l'épuration par le sol toute l'eau disponible. L'expérience a d'ailleurs montré que même en se bornant à la clarification on ne peut traiter des volumes tels que ceux des collecteurs de Paris.

La figure 53 représente le réseau d'irrigation établi dans la plaine de Gennevilliers, ainsi que nous allons l'expliquer :

Les égouts de Paris se déchargent dans la Seine par deux collecteurs : l'un débouche à Asnières, après avoir reçu les produits des deux grands collecteurs des quais de Paris, l'autre part de la porte de La Chapelle et traverse la plaine Saint-Denis après avoir reçu les eaux de Charonne, Belleville, La Chapelle et Montmartre. Ce dernier, situé à son origine à un niveau notablement supérieur à la plaine de Gennevilliers, présente certaines facilités d'utilisation.

Le service municipal a exécuté en 1872-73 un égout de 4 kilomètres de longueur entre la porte de La Chapelle et la plaine de Gennevilliers en traversant la Seine sur le pont de Saint-Ouen au moyen d'une conduite métallique; toutes les eaux qui descendaient de Paris dans le collecteur de la plaine Saint-Denis, c'est-à-dire 30,000 ou 40,000 mètres cubes par jour, arrivent aujourd'hui sans machines et par le seul effet de la pesanteur, sur les terrains à arroser. La dépense s'est élevée à 400,000 francs.

Quant au collecteur d'Asnières ses eaux sont partiellement dérivées, par un tube en maçonnerie de 2^m,10 de diamètre vers l'usine élévatoire de Clichy. Une première machine de 150 chevaux refoule un demi-mètre à la seconde, soit 44,000 mètres cubes par jour, dans une conduite en fonte posée sur le pont de Clichy et se ramifiant ensuite sur la plaine de Gennevilliers. La dépense a été de 600,000 fr.

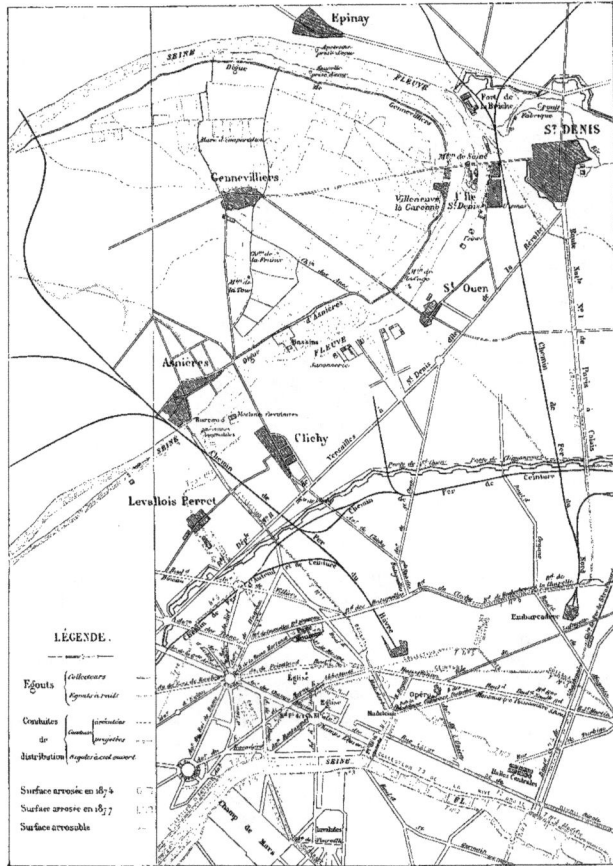

Fig. 53. — IRRIGATIONS DE LA PLAINE DE GENNEVILLIERS.

Ainsi en somme plus de 80,000 mètres cubes sont distraits chaque jour du torrent qui infecte la Seine. Ce volume n'est que le tiers environ du débit total des collecteurs, aussi les travaux dont nous venons de parler sont-ils appelés à recevoir une prochaine extension. La presqu'île de Gennevilliers ne

suffira pas pour purifier et à plus forte raison pour utiliser toutes les eaux de Paris et le service municipal devra prolonger ses conduites vers des terrains plus éloignés, probablement vers certaines parties
stériles de la forêt de Saint-Germain.

En février 1873 les demandes régulièrement adressées par les propriétaires de la presqu'île de Gennevilliers comprenaient une surface arrosable de 571 hectares, capable d'absorber par jour environ
80,000 mètres cubes d'eau, cette surface s'est beaucoup étendue aujourd'hui (1877) ainsi qu'on peut le voir
sur la carte qui précède.

Chaque hectare arrosé doit payer une taxe annuelle de 50 francs. Cette taxe pourra croître quand
le volume d'eau sera augmenté par l'établissement de nouvelles machines élévatoires.

On ne peut plus douter aujourd'hui de la valeur des produits comestibles obtenus à l'aide des eaux
d'égout, ces produits sont très-recherchés à Paris et quelques-uns sont retenus d'avance par les hôtels de
premier ordre. Les fleurs venues sur les terrains arrosés à Gennevilliers présentent des couleurs d'un éclat
exceptionnel, la lavande et d'autres plantes spéciales y sont cultivées pour être transformées en parfums
dans une usine construite à proximité.

En plein champ le produit brut d'un hectare arrosé est de 2,000 à 4,000 fr., et les frais de culture
ne dépassent pas 500 à 700 fr. Dans les terrains devenus maraîchers ces frais s'élèvent à 2,500 fr. mais
le produit brut atteint 7,000 et 8,000 fr. [1]. Il nous reste à étudier les irrigations de Gennevilliers au
point de vue de la salubrité.

L'eau d'égout en traversant le sol graveleux sur lequel elle est répandue subit non-seulement une
filtration mécanique mais en outre une véritable combustion au contact de l'air qui circule dans ce sol.
Pour que la combustion soit complète il faut que la couche de terrain traversé ait une épaisseur suffisante, épaisseur qui dépend de la nature du sol et du degré d'impureté de l'eau. En fait le pouvoir
épurateur d'un terrain doit être déterminé directement dans chaque cas particulier.

On a constaté que le sol de Gennevilliers, présentant une épaisseur de 2 mètres de couche filtrante
au-dessus de la nappe souterraine, peut épurer facilement 50,000 mètres cubes d'eau d'égout par hectare
et par an. Il suffirait donc de 2,000 hectares pour épurer les 100 millions de mètres cubes débités
annuellement par les collecteurs de Paris. La surface nécessaire pour utiliser ces eaux, c'est-à-dire pour les
transformer en produits agricoles, atteindrait peut-être 60,000 hectares. Aujourd'hui le volume versé à
Gennevilliers n'étant que d'environ 29 millions de mètres cubes par an et la surface arrosée étant supérieure
à 600 hectares, l'épuration peut être assurée, mais l'utilisation complète est loin d'être obtenue.

Pour éviter qu'un déversement local trop abondant puisse infecter les puits voisins, on n'a qu'à
descendre leur maçonnerie assez profondément dans la nappe liquide du sous-sol. On peut en outre
enlever par un drainage les eaux incomplètement épurées qui atteignent cette nappe et qui se trouvent à
sa partie supérieure.

La purification par le sol a relevé à Gennevilliers le niveau de la nappe souterraine. On comprend
que ce relèvement peut être considérable aux abords des points de déversement puis s'atténuer à mesure
qu'on s'en éloigne; les caves des maisons voisines, les carrières, les terrains bas peuvent ainsi se trouver
envahis par l'eau si l'on n'a pris d'avance les précautions nécessaires pour éviter ces graves inconvénients.
Le drainage rétablit alors le niveau naturel de la nappe et forme en quelque sorte le complément souvent
nécessaire d'un système d'épuration par le sol.

1. Notice de M. Alfred Durand-Claye, ingénieur des ponts et chaussées. (Annales des P.-C., février 1873.)

CHAPITRE VI

ALIMENTATION EN EAU ET ASSAINISSEMENT DE PARIS

Après avoir exposé dans les chapitres 2, 3, 4 et 5 les principes généraux relatifs à l'alimentation et à l'assainissement d'une grande ville il nous reste à indiquer rapidement comment ces principes ont été appliqués à Paris.

HISTORIQUE DES EAUX DE PARIS. — L'aqueduc d'Arcueil, le plus ancien de ceux qui existent aujourd'hui, paraît remonter à l'époque de la domination romaine. On attribue ses premiers ouvrages à l'empereur Julien. Il conduisait au palais des Thermes les eaux des sources des coteaux de Rungis, de l'Hay, de Cachan et d'Arcueil. Sur la rive droite, les abbayes de Saint-Laurent et de Saint-Martin des Champs firent dévier, à des époques très-reculées, les eaux des Prés-Saint-Gervais et de Belleville. Philippe-Auguste en établissant les Halles, y fit arriver l'eau des Prés-Saint-Gervais pour la distribuer dans deux fontaines dont l'une était celle des Innocents. Henri IV fit construire la pompe de la Samaritaine et ordonna les travaux du nouvel aqueduc d'Arcueil. Un grand nombre de fontaines publiques sont dues à Louis XIV.

Les travaux étaient exécutés tantôt exclusivement aux frais du Trésor royal, tantôt aux frais de la ville seule, tantôt en participation, de là la distinction entre les *eaux du roi* et les *eaux de la ville*.

Le principe de l'inaliénabilité des eaux fut d'ailleurs établi une première fois par l'ordonnance de Charles VI du 9 octobre 1392 puis confirmé par d'autres actes souverains émanés de Henri II, de Henri IV, de Louis XIII et de Louis XIV. En 1777, le volume total des eaux de Paris, tant royales que municipales, s'élevait à un peu moins de 4,000 mètres cubes par jour lorsqu'une compagnie, à la tête de laquelle étaient les frères Périer, obtint pour quinze années le privilège de placer des conduites sous les rues et d'établir une distribution nouvelle destinée à des abonnements particuliers.

Cette compagnie émit des actions, créa tout d'abord les pompes à feu et les réservoirs de Chaillot, puis plus tard les pompes du Gros-Caillou. Elle posa des conduites sous les principales rues des deux rives de la Seine, ouvrit des établissements de filtrage et livra à la consommation un nouveau volume d'eau d'environ 4,800 mètres cubes en vingt-quatre heures.

Faute de revenus suffisants, la Compagnie Périer ne put fonctionner longtemps. L'État s'empara de l'entreprise en 1789 et en réunit l'administration à celles des anciennes eaux du roi.

Le 29 floréal an X, le premier consul ordonna la dérivation de l'Ourq, destinée à la fois à la navigation et à l'alimentation de Paris. Le partage entre la navigation et le service hydraulique est réglé par le traité de 1818 d'après lequel, « sur le volume d'eau amené au bassin de la Villette, la ville de « Paris se réserve en jouissance jusqu'à concurrence de 4,000 pouces (soit 76,780 mètres cubes par « 24 heures) qu'elle pourra prendre au fur et à mesure de ses besoins et dans toutes les saisons de l'année, « tout le surplus restera à la disposition de la compagnie, etc. »

En 1841, en vue de corriger la mauvaise qualité des eaux de l'Ourcq, on fit avec la compagnie du canal un nouveau traité par suite duquel la petite rivière du Clignon fut réunie au canal et la totalité des eaux fournies à la Ville par cette voie fut portée à 5,200 pouces (soit 99,814 mètres cubes en 24 heures).

En 1837, un puits artésien a été foré à l'abattoir de Grenelle, terminé en 1841 il fournit régulièrement 40 à 50 pouces (soit de 760 à 960 mètres cubes par vingt-quatre heures).

En 1848, une petite pompe à feu donnant de 35 à 45 pouces a été placée sur la rive gauche de la Seine, en amont du pont d'Austerlitz, pour alimenter les chemins de fer de Lyon et d'Orléans, l'abattoir de Villejuif et la Salpêtrière. En 1851, comme la vétusté des anciennes pompes nécessitait leur remplacement, on résolut d'abandonner celles du pont Notre-Dame et du Gros-Caillou en donnant par compensation une plus grande extension aux pompes de Chaillot. C'est là qu'est concentré aujourd'hui le principal service d'*eau de Seine*, et les deux machines peuvent, en marchant simultanément, débiter au moins 2,000 pouces, soit 38,390 mètres cubes en vingt-quatre heures.

En résumé, avant les grands travaux exécutés sous l'administration de M. Haussmann, Paris pouvait disposer d'environ 7,390 pouces d'eau, savoir :

Aqueduc d'Arcueil	80 pouces
Sources du Nord (Belleville, Prés St-Gervais) .	25
Canal de l'Ourcq	5,200
Pompe de Chaillot	2,000
Id. d'Austerlitz	40
Puits de Grenelle	45
	7,390 pouces.

Soit environ 142,000 mètres cubes par vingt-quatre heures.

Si on évalue à 1,200,000 habitants la population de Paris qui alors ne s'étendait pas jusqu'à l'enceinte fortifiée, on voit que les 7,390 pouces d'eau représentent à peu près 117 litres par jour et par habitant. Mais ce volume, déjà trop faible, n'était pas employé en entier : 1° parce que les anciennes conduites, d'un diamètre généralement trop faible, n'étaient pas en état de suffire au débit; 2° parce que le niveau des eaux de l'Ourcq, d'Arcueil et des sources du Nord, à leur entrée dans Paris, n'était pas assez élevé.

Enfin, toutes ces eaux laissaient plus ou moins à désirer comme eaux potables. On résolut alors de compléter la canalisation et de dériver vers Paris des sources susceptibles de fournir environ 75 litres de bonne eau potable par jour et par habitant, et en même temps on eut recours à d'autres ressources pour augmenter les eaux des services publics.

Les dérivations de la Dhuis et de la Vanne amènent l'eau potable dont nous venons de parler. Les nouvelles pompes à feu établies sur la Seine, en amont de Paris, l'usine hydraulique placée sur la Marne, à Saint-Maur, deux nouvelles usines hydrauliques utilisant les chutes de la Marne pour refouler de l'eau dans le canal de l'Ourcq et augmenter son débit, enfin le puits artésien de Passy, fournissent le complément d'eau destiné aux services publics. L'alimentation totale, pour une population évaluée aujourd'hui à 1,600,000 habitants, est d'environ 200 litres par habitant et par vingt-quatre heures.

Notre cadre ne nous permet pas de décrire en détail tous ces grands travaux auxquels le nom de M. l'inspecteur général Belgrand restera attaché. Nous sommes forcé de nous borner à dire un mot des plus remarquables et nous donnons sur LA CARTE DES EAUX DE PARIS (fig. 54) le tracé des conduites qui alimentent aujourd'hui cette grande cité.

DÉRIVATION DE LA DHUIS. — Les sources de la Dhuis, du Verdon et du Surmelin, affluents de la Marne, se trouvent à l'altitude 130 mètres, à environ 25 kilomètres au sud-est de Château-Thierry; elles sont destinées à l'alimentation des quartiers hauts de la rive droite de Paris, et sont versées dans le réservoir établi sur la butte de Ménilmontant à l'altitude 108m,30, c'est-à-dire à près de 80 mètres au-dessus des quais de la Seine.

L'aqueduc souterrain de 130 kilomètres de longueur qui les amène depuis la Brie jusqu'à Paris peut débiter 40,000 mètres cubes d'eau par vingt-quatre heures. Les parties en conduite libre, qui présentent une pente uniforme de 0m,10 par kilomètre, sont formées d'un cylindre ovoïde de 1m,76 de hauteur sur 1m,40 de largeur; la maçonnerie n'a que 0m,20 d'épaisseur y compris un enduit intérieur en mortier de ciment de 0m,002 d'épaisseur. Les parties en conduites forcées ou siphons, à la traversée des vallées, présentent un développement total de 17 kilomètres; elles sont composées de tuyaux en fonte de 1 mètre de diamètre intérieur. Cette dérivation a coûté 16 millions et demi dans lesquels sont compris 2 millions et demi d'acquisitions de terrains, de sources, d'indemnités d'usines, mais non compris les dérivations

III.   18

du Verdon et du Surmelin, qui complètent les 40,000 mètres cubes et qui représentent une dépense supplémentaire d'environ 2 millions et demi.

Fig. 55. — Vue intérieure de l'usine de Saint-Maur.

Usine hydraulique de Saint-Maur.

Fig. 56. — Coupe sur E F. Roue turbine.   Fig. 57. — Coupe sur G H I J. Turbine.

La dépense totale est donc un peu inférieure à 20 millions pour un débit de 40,000 mètres cubes par vingt-quatre heures, soit 500 francs pour un débit d'un mètre cube par jour. Le prix du mètre cube d'eau représenté par l'intérêt annuel de la dépense est donc $\frac{75}{11} = 0$ fr. 068. La largeur du terrain acheté pour l'aqueduc est de 10 mètres, ce qui donne un hectare par kilomètre.

Fig. 38. — Plan de l'usine hydraulique de Saint-Maur.

NOUVEAUX RÉSERVOIRS. — Le réservoir de Ménilmontant qui reçoit la dérivation de la Dhuis a été construit en 1864 et 1865; il a plus de 2 hectares de superficie et peut contenir, sur 5 mètres de hauteur, un volume d'eau de 100,000 mètres cubes, c'est-à-dire le débit de l'aqueduc pendant un jour et demi. Il est en maçonnerie de meulière et de chaux hydraulique et ciment, et se compose de deux compartiments distincts dans lesquels les eaux peuvent être dirigées à volonté. Une conduite spéciale permet d'ailleurs de jeter directement les eaux dans le réseau de distribution.

Ce réservoir étant placé à flanc de coteau dans les marnes vertes, on a dû en descendre les fondations jusqu'au rocher gypseux qui se trouve à 6 et 8 mètres en contre-bas du radier. On a profité de cette fondation pour établir un second réservoir sous une partie du premier en déblayant entre les piliers la couche des marnes vertes. On a constitué ainsi au centre du réservoir de la Dhuis et à un étage inférieur une capacité de 31,000 mètres cubes sur une hauteur qui varie de 2^m,50 à 4 mètres. Ce réservoir inférieur reçoit l'eau de la Marne refoulée par l'usine hydraulique de Saint-Maur (fig. 55 à 58).

La couverture, portée par plus de 400 piliers de 5 mètres de hauteur sur 0^m,60 de côté au sommet, est isolée des murs de pourtour afin de prévenir les poussées que pourraient leur transmettre les effets de dilatation sur des longueurs de 150 à 200 mètres; elle est composée de voutes d'arêtes en briquettes posées à plat avec mortier et chape en ciment. Le tout n'a que 0,^{m}08 d'épaisseur. Une couche de terre de 0^m,40 placée au-dessus est couverte de gazon et de fleurs. En dehors de l'acquisition des terrains nécessaires à son établissement, le double réservoir de Ménilmontant a coûté 3,640,000 francs; sa contenance étant de 131,000 mètres cubes, le mètre cube de capacité utile revient à 27 fr. 78.

Au réservoir de Passy, terminé en 1858 et alimenté par les eaux de la machine de Chaillot, la contenance totale est de 37,000 mètres cubes. Le mètre cube de capacité utile revient à 22 fr. 12. L'altitude du plan d'eau est de 72 mètres et 75^m,35.

Au réservoir de Gentilly, construit en 1861 et alimenté en eau de Seine par les machines du Port-à-l'Anglais et d'Austerlitz, la contenance est de 6,000 mètres cubes. Le mètre cube de capacité utile revient à 17 fr. 80. L'altitude du plan d'eau est de 82^m,10.

Enfin, au réservoir de Belleville, dont la contenance est de 18,000 mètres cubes, le mètre cube de capacité utile revient à 27 fr. 50.

DÉRIVATION DE LA VANNE ET RÉSERVOIR DE MONTSOURIS. — L'alimentation en eau potable des quartiers bas et moyens de Paris s'effectue au moyen de l'aqueduc de la Vanne dont le débit a été fixé à 100,000 mètres cubes par jour, soit 1,160 litres par seconde.

La Vanne se jette dans l'Yonne à Sens. Elle a son origine dans les craies blanches du département de l'Aube, un peu au-dessus d'Estissac; mais comme les sources supérieures sont très-variables, on s'est borné à recueillir celles qui se trouvent sur la seconde moitié de la vallée, quoique leur niveau ne permette pas de les amener à Paris par le simple effet de la gravité.

L'aqueduc de la Vanne, construit suivant le même type que celui de la Dhuys, vient déboucher dans le réservoir de Montsouris, placé sur l'éminence que l'on rencontre près de la barrière Saint-Jacques à une altitude de 80 mètres. Ce réservoir occupe près de 5 hectares et demi de terrain. Sa contenance est de 300,000 mètres cubes, elle représente donc ce que peut fournir l'aqueduc en trois jours. Le sous-sol percé par d'anciennes carrières a motivé d'importants travaux de consolidation. Le système de construction est d'ailleurs le même que pour les réservoirs de Ménilmontant, de Passy et de Gentilly.

USINE DE SAINT-MAUR. — L'usine hydraulique de Saint-Maur est mise en mouvement par la chute résultant d'une coupure faite à travers le dernier circuit de la Marne. Cette chute peut atteindre 4^m,10 en basses eaux. Le mécanisme se distingue par l'emploi de quatre *turbines Girard* de 120 chevaux chacune et de deux *turbines Fourneyron* de 100 chevaux chacune. Ces six turbines peuvent refouler environ 40,000 mètres cubes par vingt-quatre heures à l'altitude 70 mètres. Les dépenses ont été de 7,600,000 francs, soit 190 francs par mètre cube élevé en vingt-quatre heures, ce qui donne pour prix du mètre cube 0 fr. 026 (fig. 55 à 58).

USINE DU QUAI D'AUSTERLITZ. — La pompe à feu du quai d'Austerlitz, établie en 1864, comprend deux machines semblables du système Woolf, d'une puissance de 120 chevaux chacune sur l'arbre du volant, à la vitesse de 18 tours par minute; elles font marcher chacune deux pompes verticales de 0^m,70 de diamètre. Ces machines peuvent donner ensemble 22,000 mètres cubes en vingt-quatre heures à une altitude moyenne de 50 mètres. La dépense totale d'installation, non compris les acquisitions de terrains, a été de 710,000 francs; les machines seules ressortent à 1,430 francs par force de cheval. Les frais d'exploitation de ces machines travaillant vingt-quatre heures par jour varient de 850 à 900 francs par an et par cheval utile en eau montée. Le mètre cube d'eau élevée à une altitude de 50 mètres ressort ainsi à 0 fr. 022 ou 0 fr. 03, en tenant compte de l'intérêt de la dépense d'installation [1].

HISTORIQUE DES ÉGOUTS DE PARIS. — Les récepteurs naturels des eaux de Paris étaient dans l'origine la Seine, la Bièvre, débouchant autrefois un peu en amont de l'emplacement actuel du pont d'Austerlitz, et le ruisseau de Ménilmontant, traversant le faubourg Montmartre et débouchant un peu en aval de l'emplacement actuel du pont de l'Alma. C'est vers ces trois voies d'écoulement que les anciens habitants dirigeaient les eaux pluviales et ménagères au moyen de rigoles à ciel ouvert.

Plus tard, ces eaux furent en partie déversées dans les fossés des enceintes de Philippe-Auguste et de Charles VI.

Hugues Aubriot, prévôt des marchands, paraît avoir construit le premier égout *couvert* pour conduire les eaux du quartier Montmartre jusqu'au ruisseau de Ménilmontant. Au XVIe siècle l'infection était telle, autour du palais des Tournelles, que les rois durent abandonner cette résidence.

En 1663, en plein règne de Louis XIV, la longueur totale des égouts voûtés n'était encore que de 1,207 toises (2,353 mètres), tandis que celle des égouts découverts était de 4,120 toises (8,034 mètres). C'est en 1740 que Turgot, prévôt des marchands, entreprit de faire voûter l'ancien ruisseau de Ménilmontant qui avait reçu et qui garde encore le nom de *grand égout de ceinture*.

En 1806, il n'existait encore que 23,530 mètres de galerie d'égout.

En 1854, cette longueur atteignait 163,000 mètres, mais on s'était généralement borné à couvrir les anciens émissaires sans arrêter un plan d'ensemble.

Le système adopté sous l'administration de M. le préfet Haussmann se distingue par la construction de deux égouts collecteurs tracés l'un sur la rive droite, l'autre sur la rive gauche de la Seine (Voir LA CARTE DES ÉGOUTS DE PARIS, fig. 59). Ces deux grandes galeries reçoivent toutes les eaux fangeuses qui se déversaient autrefois dans le fleuve. La Bièvre elle-même coule dans le collecteur de la rive gauche, et celui-ci se déverse dans celui de la rive droite par le double siphon en fonte placé en 1868 sous la Seine, près du pont de l'Alma. Un collecteur général construit en 1857 et 1858 part de la place de la Concorde, suit la rue Royale, le boulevard Malesherbes, passe sous le promontoire de Monceaux et va déboucher en Seine en aval du pont d'Asnières. Il a une longueur de 5,181 mètres, sur lesquels 2,828 mètres ont été exécutés en souterrain. Sa pente totale est de 2^m,50. Son débit moyen est d'environ 2^{mc},20 par seconde, mais dans la saison pluvieuse il s'élève à 8 mètres cubes, et à la suite d'un violent orage, en mai 1868, la vitesse a atteint momentanément 10 mètres, et le débit 45 mètres cubes par seconde. Le mètre linéaire de ce grand collecteur a coûté 847 francs pour la partie en souterrain, et 579 pour la partie à ciel ouvert. Les dimensions principales sont les suivantes :

Largeur à la naissance	5^m,60
Hauteur sous clef au-dessus des banquettes	3 25
Profondeur de la cunette	1 35
Hauteur totale sous clef	4 40
Largeur de la lunette	3 50
Largeur de chaque banquette	0 90
Épaisseur à la clef	0 50
Id. aux naissances	0 80
Id. du radier	0 40

Sur chacun des collecteurs des deux rives de la Seine s'embranchent une série d'égouts de douze types différents. L'ensemble présente un développement de plus de 600,000 mètres de longueur. Les figures 60 à 74 représentent les principaux types d'égouts dont nous venons de parler.

1. Notice par M. Huet, pour l'Exposition universelle de 1867.

TYPES DES ÉGOUTS DE LA VILLE DE PARIS.

Les figures 60 à 74 sont à l'échelle de 0m,01 par mètre.

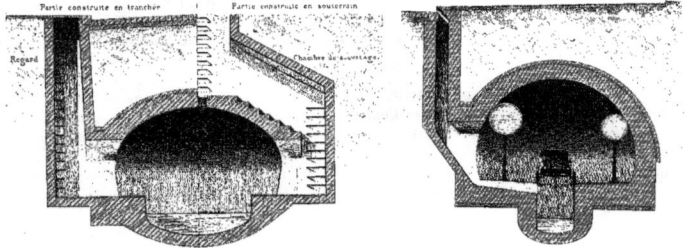

Fig. 60. — Type n° 1. Collecteur général. (De la Place de la Concorde au Pont d'Asnières.)

Fig. 61. — Type n° 2. (Boulevard Sébastopol.)

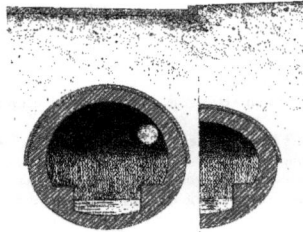
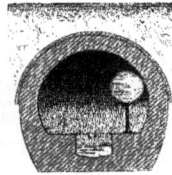

Fig. 62 et 63. — Type n° 3. Collecteurs. (Dérivation de la Bièvre, quai de la Rive gauche, etc.)

Fig. 64. — Type n° 4. (Boulevard Saint-Michel.)

Fig. 65. — Type n° 5. (Quai de Guevres, boulevard Ney.)

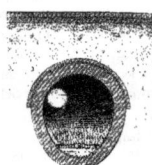
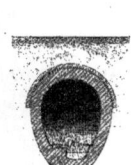

Fig. 66. — Type n° 6. Collecteur. (Coteaux de la Rive droite.)

Fig. 67. — Type n° 7. (Rue de Rivoli.)

Fig. 68. — Type n° 8. (Rue de Faubla, boulevard Haussmann.)

Fig. 69. — Type n° 9. (Boulev. du Temple, boul. Beaumarchais, et partie des Boulev. extérieurs.)

Fig. 70. — Type n° 10.

Fig. 71. — Type n° 11.

Fig. 72. — Type n° 12. (Sous presque toutes les Rues de Paris.)

Fig. 73. — Branchement de bouche.

Fig. 74. — Branchement de regard.

TROISIÈME PARTIE

EMPLOI DES EAUX POUR FERTILISER LES TERRES

—————

CHAPITRE PREMIER

CONSIDÉRATIONS GÉNÉRALES

MODE D'ACTION DE L'EAU SUR LA VÉGÉTATION. — L'eau peut agir de diverses manières sur les produits de la terre. Elle représente d'abord un élément constitutif des plus importants dans les tissus végétaux. Elle est, en outre, le dissolvant qui permet aux plantes de s'assimiler les principes minéraux que possède le sol. Mais si les irrigations n'avaient pas encore d'autres effets, si, par exemple, elles étaient faites avec de l'eau distillée, leur action stimulante deviendrait une cause d'épuisement et exigerait l'emploi d'engrais abondants et énergiques.

Les bonnes eaux d'irrigation doivent contenir des matières alcalines capables de remplacer ou de compléter celles du sol pendant la végétation. Ces matières peuvent se trouver en dissolution dans les eaux claires ou en suspension quand les eaux sont plus ou moins troublées.

L'action des eaux claires est d'une durée limitée, les substances qui ne sont pas assimilées s'écoulent par les canaux de décharge ; les eaux troubles, au contraire, laissent un dépôt qui s'incorpore à la masse du sol et y entretient la fertilité jusqu'à épuisement des éléments qu'il renferme.

IRRIGATION. — LIMONAGE. — COLMATAGE. — On désigne plus particulièrement sous le nom d'*irrigations* les arrosages faits avec des eaux à peu près claires. Le nom de *limonage* s'applique à l'emploi d'eau trouble, sans modification sensible du niveau du sol.

Enfin on désigne sous le nom de *colmatages* les submersions faites avec de grandes masses d'eaux troubles, de manière à produire par leur dépôt un véritable remblai qui relève le niveau du sol.

PHÉNOMÈNES DE LA VÉGÉTATION. — Nous avons parlé tout à l'heure de l'assimilation de substances minérales qui passent du sol dans les plantes, rappelons quelques faits d'expérience qui caractérisent ce phénomène.

L'analyse chimique nous apprend que les tissus végétaux se composent à la fois de principes volatils ou *organiques* dont les éléments se retrouvent dans l'atmosphère et de principes fixes ou *minéraux* provenant exclusivement du sol.

Les arbres et en général les végétaux *ligneux* donnent pour résidu de la combustion 1 ou 2 p. o/o de cendres minérales, tandis que les plantes alimentaires et en général les végétaux *herbacés* laissent par l'incinération jusqu'à 20 p. o/o.

Ce premier fait nous explique comment les arbres peuvent pousser et acquérir de grandes dimensions quoique plantés dans des anfractuosités de rocher ou dans des terrains absolument arides, ils fixent à peu près uniquement le carbone qu'ils prennent à l'atmosphère.

Non-seulement la quantité de matières fixes formant la cendre des bois est faible, mais encore cette quantité est variable pour une même essence, suivant la nature du sol. Au contraire la proportion des matières minérales est rigoureusement la même pour toutes les plantes alimentaires.

On conçoit dès lors la différence que doit présenter le sol selon qu'il est destiné à porter l'une ou l'autre végétation; on conçoit aussi combien il importe non-seulement d'apporter par des engrais ou par des irrigations les matières minérales nécessaires à la production, mais encore de les présenter sous une forme qui favorise l'assimilation[1].

Nous ne pousserons pas plus loin cette étude de phénomènes dont quelques-uns ne sont pas encore bien connus; les indications qui précèdent suffisent pour caractériser le mode d'action de l'eau sur la végétation.

HISTORIQUE DES IRRIGATIONS. — L'usage des irrigations paraît avoir été connu des premières sociétés humaines; il en est fait mention dans les livres de Moïse et dans la Genèse. La fertilité proverbiale de l'ancienne Égypte était due en partie aux grands travaux exécutés par ses rois, pour retenir les eaux du Nil et pour en régler l'emploi. Le lac Mœris renfermait à lui seul une réserve évaluée à 2 milliards de mètres cubes d'eau destinée au limonage des plaines du Delta.

La plupart des antiques empires d'Orient nous ont laissé des traces de leurs travaux d'irrigation; les trois réservoirs des jardins de Salomon, en Palestine, contenaient ensemble plusieurs millions de mètres cubes d'eau. Les îles de Java et de Ceylan offrent les ruines de grands barrages en maçonnerie construits pour l'aménagement des eaux nécessaires aux cultures de ces contrées équatoriales. Les Grecs et les Romains considéraient l'art des irrigations comme l'une des sources de la prospérité publique. Caton, dans son traité d'agriculture, nous en a transmis la tradition, et chacun connaît les vers de Virgile recommandant aux bergers le soin des prairies : « *Claudite jam rivos..... sat prata biberunt.* »

Les Arabes, maîtres des provinces méridionales de l'Europe et du nord de l'Afrique, y introduisirent vers le viiiᵉ siècle les procédés de culture dont ils avaient vu les bons effets dans les plaines de la basse Égypte. La plupart des grands réservoirs et des canaux d'arrosage qui subsistent encore dans le midi de l'Espagne et de la France remontent à cette origine. On retrouve encore des débris de travaux analogues dans les provinces de Constantine, d'Alger et d'Oran, et notamment sur les cours du Sig, de l'Habra et de la Mina.

Les Croisades entraînèrent ensuite les populations européennes vers ces contrées d'Orient où l'irrigation avait pris naissance et contribuèrent à lui donner une nouvelle impulsion.

« Le fait capital de l'histoire des irrigations en Europe consiste dans la création des deux vastes « canaux qui, sur le territoire du Milanais, furent dérivés du Tessin et de l'Adda, l'un à la fin du xiiᵉ siècle, « l'autre au commencement du xiiiᵉ[2]. »

Ces deux canaux procurent ensemble l'irrigation de près de 100,000 hectares de terrains, aujourd'hui d'une grande valeur et formés auparavant de cailloux et de grèves sablonneuses.

Ainsi, à mesure que la population s'est développée, l'extension donnée à l'usage des eaux a pu procurer les plantes fourragères nécessaires pour l'accroissement parallèle du nombre des bestiaux, et ce sont ces derniers qui assurent par eux-mêmes et par l'emploi de leurs engrais la quantité de viandes et de céréales qu'exige l'alimentation humaine.

IRRIGATIONS INDIVIDUELLES ET IRRIGATIONS D'ENSEMBLE. — L'article 644 du Code civil établit que celui dont la propriété borde une eau courante, indépendante du domaine public, peut s'en servir à son passage pour l'irrigation; mais la grande division de la propriété foncière en France constitue le plus souvent un obstacle matériel à l'application de cet article, et, en fait, les irrigations

1. *Traité d'hydraulique et de géologie agricole*, par M. Duponchel, ingénieur des ponts et chaussées, page 4.
2. *Hydraulique agricole*, par M. Nadault de Buffon, ingénieur en chef des ponts et chaussées, tome 1ᵉʳ, page 36.

individuelles n'ont que très-peu d'importance tant que les divers riverains d'un même cours d'eau ne constituent pas une association syndicale pour en régler l'usage.

C'est par des ouvrages de dérivation ou d'aménagement entrepris dans un intérêt régional que les irrigations prennent le caractère de travaux publics, leur influence peut alors s'étendre sur de grandes surfaces et intéresser un grand nombre de propriétaires; c'est pourquoi les détails que nous allons donner se rapportent principalement à ces irrigations collectives.

Malgré les encouragements de toutes sortes donnés par l'État à ces travaux, les intéressés n'ont pas toujours compris leurs avantages et plusieurs entreprises utiles sont ajournées par suite du faible concours des propriétaires.

Nous adopterons une division analogue à celle déjà admise pour les chapitres qui concernent l'alimentation en eau des villes ; ainsi nous étudierons successivement :

1° L'approvisionnement des eaux d'irrigation ;

2° Leur conduite vers les lieux d'emploi ;

3° Leur distribution ;

4° Leur évacuation après emploi.

CHAPITRE II

VOLUME D'EAU NÉCESSAIRE A L'IRRIGATION. — La première question à examiner est celle qui concerne la relation entre un volume d'eau disponible et la surface de terrain à arroser; en d'autres termes, quelle est la quantité d'eau nécessaire à l'irrigation d'une étendue de sol déterminée.

Si on observe les usages adoptés dans diverses contrées, on remarque, non sans étonnement, que les cultivateurs emploient en général d'autant plus d'eau que leur climat est plus froid et plus humide. Ainsi dans le département de Vaucluse, la dépense d'eau est de moins d'un litre par seconde et par hectare, tandis que dans les Vosges cette dépense s'élève à 200 litres, en prenant la moyenne de l'année entière [1].

M. l'ingénieur en chef Mangon a étudié ces diverses irrigations et a été conduit aux conclusions qui suivent :

1° Dans les arrosages à petit volume du Midi, le rôle des eaux à titre d'engrais est tout à fait secondaire, les fumiers et la fertilité du sol y suppléent. Dans les arrosages à grand volume des pays froids, les eaux jouent au contraire le rôle de véritables engrais; elles fournissent non-seulement tout l'azote emporté par la récolte, mais aussi celui qui, répondant à l'accroissement de fertilité du sol, se fixe dans celui-ci.

2° On peut considérer les irrigations du Midi comme nécessaires pour refroidir le sol, une température supérieure à 7° ne permettant pas l'assimilation de l'azote; les irrigations du Nord réchauffent au contraire le sol trop froid de ces contrées.

3° On ne saurait imposer le même régime de débit et d'organisation aux arrosages des différentes régions de la France, et le mieux jusqu'à nouvel ordre paraît être de tenir compte des usages locaux, alors même qu'ils semblent excessifs dans leurs exigences.

L'administration supérieure chargée de régler, au point de vue de l'intérêt général, les volumes d'eau à dériver des fleuves et rivières a adopté une règle générale qui ne peut être qu'une simple approximation; cette base uniforme est représentée par l'écoulement *continu* d'un litre par seconde et par hectare de terre arrosable.

Le propriétaire qui emploie l'eau d'une manière intermittente règle l'étendue de sa culture de manière à avoir un volume suffisant pour les besoins de cette culture [2].

MOYENS DE RECUEILLIR L'EAU. — L'eau d'irrigation peut s'obtenir soit par une simple dérivation d'un cours d'eau naturel, soit par un réservoir destiné à accumuler le débit variable d'un ruisseau, soit par des machines qui puisent l'eau à proximité des terrains à arroser et l'élèvent à un niveau supérieur à ces terrains.

DÉRIVATIONS. — L'origine d'une dérivation est presque toujours accompagnée d'un barrage construit sur la rivière dont on veut détourner une partie de l'eau (fig. 75); ce barrage est destiné à

1. *Expériences sur l'emploi des eaux*, par M. Mangon, page 3.
2. *Cours d'agriculture et d'hydraulique agricole*, par M. Nadault de Buffon (1858), page 235.

assurer la continuité de l'écoulement dans la dérivation. Le plan de la retenue se trouvant fixé à un niveau à peu près constant, il est facile de donner à l'embouchure de la dérivation des dimensions telles que le volume débité soit égal à une quantité voulue, le surplus s'écoule par le déversoir ou par les autres orifices évacuateurs du barrage en suivant le lit naturel.

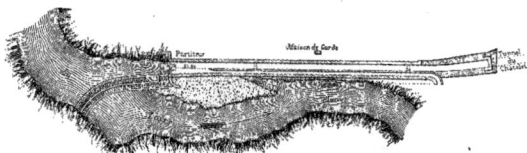

Fig. 75. — PRISE D'EAU AVEC *partiteur* POUR LE CANAL D'IRRIGATION DE LA PLAINE DU FORES.

L'embouchure de la dérivation doit être pourvue de *portes* ou *martellières* qui permettent de régler au besoin l'introduction de l'eau et d'isoler complètement le canal pendant les curages annuels ou pendant les crues (fig. 76–77).

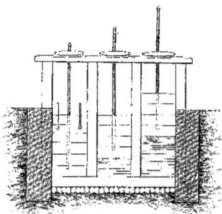

Fig. 76. — VANNES MARTELLIÈRES EN TÊTE D'UN CANAL DE PRISE D'EAU.

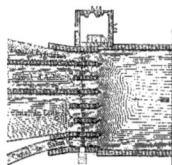

Fig. 77. — MARTELLIÈRE EN TÊTE DES CANAUX DÉRIVÉS DU CANAL DES ALPINES.

L'invention des barrages mobiles est appelée à rendre de grands services aux irrigations; leur emploi est surtout motivé lorsqu'il s'agit de cours d'eau torrentiels, qui n'admettent pas les barrages fixes.

RÉSERVOIRS. — L'arrosage ordinaire, pour être satisfaisant, doit s'effectuer dans un temps assez court ou, ce qui revient au même, avec un volume intermittent mais considérable. En outre, dans les contrées méridionales, c'est pendant la saison chaude que l'eau a le plus d'effet, mais c'est aussi alors qu'elle est la moins abondante si elle ne descend pas des glaciers.

Ces circonstances ont fait sentir de tout temps l'utilité de réservoirs d'une capacité suffisante pour emmagasiner l'eau pendant la saison pluvieuse.

Les réservoirs destinés aux irrigations s'obtiennent, soit en barrant des gorges escarpées, soit en profitant des lacs naturels.

Lorsqu'on se propose d'établir un réservoir artificiel, on doit d'abord se rendre compte du volume d'eau qui pourra y être recueilli. Cette recherche peut se faire directement en jaugeant le débit journalier des affluents pendant au moins une année; on peut aussi mesurer la hauteur d'eau qui tombe pendant chaque mois sur le bassin hydrographique du réservoir et en conclure le volume qui pourra être recueilli. Ces deux procédés exigent des observations longues et minutieuses qu'on est souvent dans l'impossibilité de faire complètement, de sorte que l'appréciation de la quantité d'eau susceptible d'être recueillie pendant les diverses saisons laisse généralement quelque incertitude.

Ce chiffre plus ou moins approximatif étant admis, il faut en déduire : 1° le volume qui sera enlevé par évaporation; 2° celui qui disparaîtra par les infiltrations; 3° un volume supplémentaire tenu en réserve, soit pour des besoins prévus, étrangers aux irrigations, soit pour le cas d'une sécheresse exceptionnelle qui diminuerait l'approvisionnement. Le reste représente la quantité dont on peut disposer habituellement pour les irrigations. La connaissance de cette quantité permet d'examiner si les dépenses d'établissement du réservoir sont en rapport avec les services qu'on peut en attendre.

Le barrage qui ferme la vallée et qui constitue le réservoir artificiel est généralement en maçonnerie; les barrages de l'Habra en Algérie, du Furens, près de Saint-Étienne, etc., sont des modèles sur lesquels nous nous proposons de revenir.

On peut également citer ceux d'Alicante, de Nijar et d'Elché, en Espagne, non à cause de leurs formes qui sont peu rationnelles, mais à cause de leur importance et de leur ancienneté.

USAGE DES LACS. — Les lacs placés sur les cours d'eau forment des régulateurs naturels rendant les mêmes services que les réservoirs dont nous venons de parler.

Si les lacs Majeur, de Côme et de Lecco n'étaient pas interposés entre les versants des Alpes et le cours du Tessin et de l'Adda, ces rivières conserveraient un régime torrentiel et dévasteraient les plaines de la Lombardie au lieu de les fertiliser.

Il existe dans les régions montagneuses des lacs isolés qui constituent des réserves naturelles susceptibles d'être utilisées pour l'irrigation des régions inférieures. La hauteur d'eau tombée annuellement sur ces sommets sous forme de pluie ou de neige est considérable; elle dépasse quelquefois $2^m,50$; l'évaporation n'agit que faiblement à cause de la température peu élevée, le terrain se prête peu aux infiltrations, de sorte que le volume d'eau recueilli dans les dépressions du sol est considérable. Le niveau du lac s'élève peu à peu jusqu'à ce qu'il atteigne quelque déversoir naturel, son trop-plein vient alors alimenter les cours d'eau inférieurs.

Le lac Bleu, l'un des lacs de la chaîne des Pyrénées, situé à une altitude de 2,000 mètres, verse aujourd'hui, en saison d'étiage, dans la vallée de l'Adour un volume annuel de près de 5 millions de mètres cubes. Après avoir essayé de le vider par un siphon en fonte, on a renoncé à ce système, et on a percé une galerie de soutirage à 25 mètres en contre-bas de la surface du lac.

La chaîne des Alpes présente également des réserves susceptibles d'être versées dans les vallées inférieures. Un projet a été présenté en 1848 pour le soutirage du lac de Paladru situé à l'origine de la petite vallée de la Fure, affluent de l'Isère.

ALIMENTATION DES IRRIGATIONS AU MOYEN DE MACHINES. — Les irrigations de grandes cultures s'alimentent presque toujours au moyen des dérivations et des réservoirs naturels ou artificiels dont nous venons de parler; mais quand il s'agit d'une petite culture et spécialement de la culture maraîchère, on peut se procurer l'eau au moyen de machines élévatoires dont nous allons dire quelques mots.

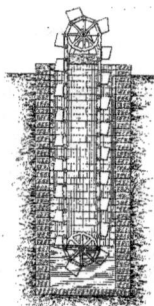

Fig. 78. — Manège de maraîcher des environs de Paris.

Fig. 79. — Noria.

Parmi les inconvénients relatifs à l'emploi des machines, on peut signaler l'intermittence du service. On doit compter en effet sur une interruption d'environ six mois dans la saison ordinaire de l'arrosage; or, une telle interruption entraîne une augmentation considérable des frais généraux et est peu compatible avec l'emploi de certains moteurs comme la vapeur.

Les moteurs animés, étant susceptibles d'être utilisés à d'autres travaux pendant les intermittences de l'irrigation, conviennent bien pour l'élévation de petits volumes d'eau.

Tout le monde connaît le *manège maraîcher* souvent adopté dans les environs de Paris. Il met en mouvement soit des seaux, soit une pompe. Quand il s'agit de puiser l'eau à une profondeur de 8 ou 10 mètres, ce système est l'un des meilleurs que l'on puisse employer parce qu'il est simple et peu sujet aux dérangements (fig. 78). La *noria* est d'un grand usage dans les contrées méridionales et satisfait à peu près aux mêmes conditions que le manége maraîcher (fig. 79). Pour de moindres hauteurs, on peut employer la vis d'Archimède (fig. 80).

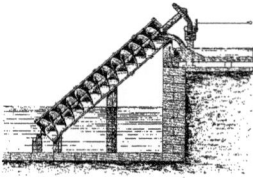

Fig. 80. — VIS D'ARCHIMÈDE.

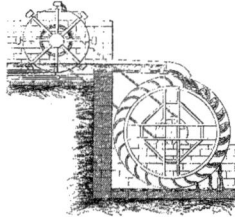

Fig. 81. — ROUE A GODETS ATTELÉE.

Quand on a sous la main un cours d'eau dont on peut utiliser la chute, on y place une roue hydraulique munie de godets répartis sur sa circonférence. Ces godets se remplissent quand ils plongent dans le coursier de la roue, puis ils se vident dans un auge quand ils atteignent la partie supérieure de leur course. Cette roue pourrait d'ailleurs faire mouvoir un autre mécanisme quelconque susceptible d'élever l'eau (fig. 81).

Au lieu d'une roue hydraulique, le courant met quelquefois en mouvement un bélier ou une machine à oscillation inventée par M. de Caligny (fig. 82).

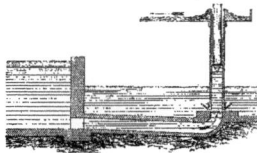

Fig. 82. — MACHINE OSCILLANTE DE M. DE CALIGNY.

Enfin, on utilise aussi la force du vent pour actionner des pompes ou tout autre mécanisme d'épuisement. Plusieurs systèmes de moulins à vent donnent la solution de ce problème.

CHAPITRE III

TRAVAUX RELATIFS A LA CONDUITE DES EAUX D'IRRIGATION

Nous supposerons que les eaux alimentaires sont fournies par une rivière ou par un réservoir et nous allons exposer comment on les conduit vers le lieu d'emploi.

CANAL PRINCIPAL. — Le *canal principal* qui a son embouchure sur la rivière ou sur le réservoir présente ordinairement deux parties distinctes, dont l'une s'étend depuis l'origine jusqu'au premier canal secondaire dérivant une partie de ses eaux et dont l'autre comprend toute la partie d'aval sur laquelle s'embranchent divers canaux secondaires.

La première partie n'est qu'un *canal d'amenée,* d'un débit constant, la seconde est le *canal d'arrosage* dont le débit diminue peu à peu.

Fig. 83.

Fig. 84.

Fig. 85.

Fig. 86.

PROFILS DIVERS DE CANAUX D'AMENÉE.

Le canal d'amenée a une certaine analogie avec les canaux latéraux de navigation dont nous avons parlé dans une autre section de ce livre ; toutefois, il importe de faire ressortir certaines différences (fig. 83 à 86).

Un canal de navigation s'écarte peu en général du fond de la vallée qu'il suit ; un canal d'irrigation s'en éloigne au contraire plus ou moins, afin de ménager la pente de l'eau et de rester à un niveau supérieur à celui des terrains à arroser.

Dans les canaux de navigation, la pente est rachetée par les écluses, et les biefs sont sensiblement horizontaux; les canaux d'irrigation exigent au contraire un débit continu et présentent par conséquent une pente analogue à celle des cours d'eau naturels.

Enfin l'eau qui alimente un canal de navigation se conserve à peu près sur son parcours à travers les différents biefs, tandis que l'eau d'irrigation est en grande partie absorbée par les terrains arrosés.

CANAL D'IRRIGATION ET DE NAVIGATION. — Néanmoins, il n'y a pas incompatibilité complète entre ces diverses conditions à remplir, et l'on peut citer le canal de Pavie qui sur une longueur de 33 kilomètres dessert à la fois la navigation, les irrigations et les usines avec douze écluses et un débit de 6 à 8 mètres cubes par seconde réparti entre 3,600 hectares de terrains arrosés.

Nous pensons qu'on devrait plus souvent imiter cet exemple, en tirant ainsi tout le parti possible de travaux coûteux et d'éléments qui constituent une partie de la fortune publique.

PENTE ET SECTION. — Le débit du canal principal étant déterminé quand on connaît le volume d'eau disponible et la surface de terrain à arroser, on calcule la section et la pente de ce canal au moyen de formules très-simples.

On doit observer qu'à débit égal une pente plus faible exige plus de largeur de canal, qu'une pente trop forte peut nuire à la conservation des berges et diminuer sensiblement la surface susceptible de recevoir l'eau, qu'enfin, si les eaux dont on dispose sont habituellement troubles, il faut une vitesse d'écoulement qui ne favorise pas le dépôt des matières en suspension.

Ces considérations font comprendre que le choix de la pente exige une appréciation assez délicate d'inconvénients opposés les uns aux autres.

Les pentes les plus convenables pour des canaux analogues à ceux de la Provence, où l'on emploie généralement des eaux troubles, paraissent devoir se tenir entre 0^m,50 et 0^m,90 par kilomètre [1].

La pente d'un même canal n'est pas toujours constante, elle peut varier suivant la nature et la configuration du sol. La section varie avec la pente suivant une loi connue, de manière à conserver un débit uniforme.

OUVRAGES D'ART. — Les ouvrages d'art qui peuvent se rencontrer sur des canaux d'irrigation sont analogues à ceux des canaux de navigation, nous n'avons donc rien de particulier à en dire, sauf en ce qui concerne les *partiteurs* dont nous parlerons tout à l'heure.

CANAUX SECONDAIRES. — Les canaux secondaires sont, relativement au canal principal, ce qu'il est lui-même relativement à la rivière qu'il dérive; il y a toutefois une différence qui consiste en ce que la prise d'eau d'un canal secondaire est toujours pourvue d'un module régulateur et sans barrage sur le canal principal.

Leurs sections et leurs pentes se déterminent suivant les mêmes règles que pour le canal principal, quand on connaît le volume qui doit être débité par seconde.

Les canaux secondaires doivent se tenir sur la partie la plus haute des terrains à arroser.

C'est sur ces canaux secondaires que viennent s'embrancher les diverses rigoles de chaque arrosant.

MODULES ET PARTITEURS. — L'eau amenée au moyen de travaux coûteux représente une marchandise qui a un certain prix et qui par conséquent doit être mesurée au moment de sa livraison, les canaux ne fournissent d'ailleurs pas toujours un volume suffisant pour satisfaire tous les besoins agricoles et industriels. Un partage entre les divers intéressés est donc souvent utile.

Les ouvrages d'art qui ont pour objet cette mesure ou cette répartition se nomment *modules* ou compteurs et *partiteurs*. Nous allons expliquer quels sont les usages adoptés pour leur emploi dans les pays où l'irrigation a atteint le plus grand développement c'est-à-dire en Italie et en Espagne.

---

1. *Hydraulique agricole*, par M. Nadault de Buffon (1858), page 36.

COMPTEUR MILANAIS. — Les modules ou compteurs sont depuis longtemps en usage en Italie et l'expérience a fait reconnaître que le plus parfait de tous est celui adopté dans le Milanais. On nomme *once d'eau*, le débit continu et constant du module, l'once milanais équivaut à 44 litres par seconde et se loue de 508 à 600 francs par an, ce qui revient à 12 ou 13 francs par an, pour un débit continu d'un litre par seconde.

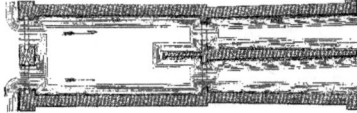

Le compteur consiste dans une chambre rectangulaire qui reçoit l'eau par une vanne de tête et qui la laisse échapper par un orifice de $0^m,15$ de largeur sur $0^m,20$ de hauteur (fig. 87, 88, 89). La vanne est manœuvrée de telle sorte que le niveau de l'eau dans la chambre soit toujours à $0^m,10$ au-dessus de cet orifice. On est assuré ainsi de la constance du débit.

Fig. 87. — PLAN.

L'expérience et plus tard la théorie ont appris qu'en donnant certaines dimensions et certaines dispositions à la chambre et à la vanne de tête, si la hauteur d'eau dans le canal principal et celle dans la chambre sont dans le rapport de 2 à 1, les variations de niveau dans le canal et dans la Chambre restent dans le même rapport.

Ainsi une variation de 2 centimètres dans le canal se réduira à un centimètre dans la chambre.

Fig. 88. — COUPE.

Un garde spécial est chargé de la manœuvre journalière des vannes des modules, pour un certain périmètre, de manière à maintenir dans chaque chambre la hauteur de $0^m,10$ au-dessus de l'orifice d'écoulement, et les petites variations que subit pendant la journée le niveau du canal principal n'ont pas d'influence sensible sur le niveau de la chambre par suite de la propriété que nous avons énoncée ci-dessus.

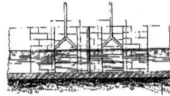

En résumé, le système de distribution italien consiste à livrer à l'usager un débit continu d'un volume déterminé et qui reste toujours le même quelles que soient les variations de débit du canal alimentaire, et l'appareil de distribution ou module que nous venons d'indiquer est soumis chaque jour à la surveillance d'un garde spécial. L'usager peut changer la

Fig. 89. — ÉLÉVATION DE LA TÊTE D'AMONT.

surface qu'il arrose, mais le débit de sa prise reste constant.

On peut caractériser ce système en le désignant sous le nom de *système à périmètre variable et à débit constant*.

PARTITEUR ESPAGNOL. — Dans le midi de l'Espagne il ne faut plus compter comme en Italie sur des cours d'eau alimentés par la fonte des neiges pendant la saison des irrigations ; les vallées se dessèchent après la saison pluvieuse et l'eau doit être recueillie dans de grands réservoirs. Divers réservoirs destinés aux irrigations existent à Alicante, à Elche, au Val d'Inferno, à Murcie, à Nijar, etc...

Leur usage est soumis à des règles variables, tantôt l'eau est annexée à la terre et il est interdit non-seulement de vendre la terre sans l'eau, mais encore de changer un tour d'arrosage ; tantôt la propriété de l'eau est distincte de celle de la terre et l'eau s'achète soit de gré à gré, soit aux enchères publiques à une bourse spéciale. Tantôt ces deux modes se superposent et produisent des régimes administratifs très-compliqués, mais dans tous les cas l'eau se mesure au temps et non au volume comme en Italie. Ceci demande quelques explications.

Aux abords de chaque barrage s'étend la zone irrigable dont le périmètre est généralement fixe, surtout si le réservoir est la propriété des arrosants. Le canal principal qui part du réservoir communique avec les canaux secondaires au moyen de partiteurs disposés de telle sorte que chaque canal secondaire reçoit continuellement une partie aliquote du débit variable du réservoir. En général chaque usager a droit à toute l'eau de son canal secondaire pendant un temps déterminé et à des périodes également déterminées. La manœuvre de distribution ne consiste donc plus ici à faire entrer dans chaque canal secondaire un volume d'eau convenu, mais bien à diviser successivement le volume total, quel qu'il soit, en volumes

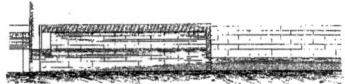

proportionnels à la fraction qui doit revenir à chacun d'eux. On comprend ainsi pourquoi l'appareil de distribution n'est plus un *compteur*, mais un *partiteur*.

Le partiteur consiste toujours en un bassin rectangulaire ou sas de repos construit sur le canal principal et portant, sur 1, 2 ou 3 de ses faces, des déversoirs de superficie dont la longueur est proportionnelle à la fraction du volume total qui est destinée à chaque canal secondaire.

Dans les régions où l'eau est indépendante de la terre, il se tient un marché spécial ou bourse d'eau où chacun achète la quantité dont il a besoin. La répartition des eaux peut alors changer chaque jour, et on modifie en conséquence la longueur des déversoirs au moyen de pièces mobiles. Ces ventes journalières ont pour effet de faire varier le périmètre arrosé et le système peut être caractérisé sous le nom de système à *périmètre variable et à débit proportionnel*.

Dans les régions mieux administrées, où l'eau est annexée à la terre, la surface arrosée est constante ; chaque usager a droit à toute l'eau de son canal secondaire pendant une période déterminée ; s'il n'en fait pas usage, cette eau profite à ses voisins, mais il n'en paye pas moins sa taxe annuelle. C'est un système à *périmètre constant et à débit proportionnel*.

Le système italien est évidemment meilleur que le système espagnol, puisqu'il ne fait payer à l'usager que l'eau qu'il consomme réellement, mais l'emploi des modules ou compteurs présente les inconvénients suivants : 1° l'établissement d'un module coûte assez cher et il en faut un pour chaque usager ; 2° la surveillance journalière des vannes de tête exige un personnel coûteux, cette surveillance devient difficile dans des contrées peu habitées.

L'usage des partiteurs est moins coûteux, il n'exige pas la même surveillance et donne moins de prise à la fraude.

Ces diverses raisons font comprendre pourquoi on adopte tantôt la distribution par modules, et tantôt celle par partiteurs.

En Provence, les prises d'eau alimentées par la dérivation de la Durance sont pourvues de modules.

En Algérie, les eaux du Sig sont distribuées à Sidi-Bel-Abbès au moyen de modules milanais complétés par de petits déversoirs qui contribuent à la régularité du niveau dans la chambre du compteur. A l'Habra, au contraire, on donne la préférence aux partiteurs, en ayant soin de poser en principe que l'eau est annexée à la terre.

CHAPITRE IV

PRATIQUE DES IRRIGATIONS

Les méthodes d'arrosage varient non-seulement avec le climat, la nature du sol et celle de la récolte, mais encore avec les habitudes locales et avec la qualité des eaux.

Ces méthodes se réduisent à cinq principales, savoir : 1° l'arrosage par submersion ; 2° par rigoles horizontales ; 3° par rigoles en épi ou en pente ; 4° par billonnages ; 5° par infiltration.

Quel que soit le système adopté, on doit ne pas perdre de vue ce principe général que *l'eau doit arriver partout et ne séjourner nulle part.*

Quelques travaux de terrassement sont généralement nécessaires pour atteindre ce double but.

ARROSAGE PAR SUBMERSION. — L'arrosage par submersion se pratique en entourant d'un bourrelet continu en terre une parcelle ou une fraction de parcelle, en y introduisant une tranche d'eau de 0^m,05 à 0^m,40 d'épaisseur qu'on laisse séjourner pendant un certain temps et qu'on lâche ensuite dans un autre compartiment ou dans un fossé d'égout.

Cette méthode ne peut s'appliquer que sur un terrain disposé par compartiments horizontaux ; elle exige une évacuation bien complète de l'eau, afin que le sol, fortement imbibé, ne devienne pas marécageux dans les bas-fonds mal asséchés. Par suite de ces diverses exigences, le système des submersions n'est pas employé aussi souvent que le système des rigoles, il convient surtout aux colmatages.

ARROSAGE PAR RIGOLES HORIZONTALES. — L'arrosage par rigoles horizontales consiste à établir sur la surface du sol que l'on suppose suivre une pente assez prononcée une série de petites rigoles horizontales dans lesquelles on fait arriver l'eau. Cette eau déversant par le bord de chaque rigole se transmet de l'une à l'autre par la pente du sol.

Cette méthode paraît la plus économique et la plus fréquemment employée.

ARROSAGE PAR INFILTRATION. — L'arrosage par infiltration n'offre pas grand intérêt pour les prairies, mais il représente le seul procédé applicable aux terres arables.

Il consiste à introduire dans des rigoles horizontales convenablement espacées sur un terrain quelconque une petite quantité d'eau pour humecter une zone plus ou moins large à côté de chaque rigole.

Si le terrain est assez incliné et moyennement perméable, on peut obtenir de très-bons résultats avec de petites rigoles espacées de 3 à 4 mètres et avec un volume d'eau de 100 à 120 mètres cubes par hectare ; mais avec un sol compacte, un sous-sol perméable, ou un terrain peu incliné, cette pratique ne donne que des résultats très-imparfaits.

ARROSAGE PAR RIGOLES BILLONNÉES. — On nomme billons une série de sillons ou doubles ados parallèles juxtaposés sur le terrain à arroser. La ligne de faîte de chaque ados reçoit une rigole d'amenée, le creux qui sépare deux ados successifs est occupé par une rigole d'égout. (Fig. 90 et 91.)

Les rigoles d'amenée ont une section qui va en décroissant vers l'aval et une pente de 0^m,0005 à 0^m,0008 par mètre.

Fig. 90. — COUPE D'UN BILLON.   Fig. 91. — PLAN D'UNE IRRIGATION PAR BILLON

Les rigoles d'égout ont une pente de 0^m,0010 à 0^m,0016 par mètre, leur section va en croissant vers l'aval et est à peu près double de celle de la rigole d'amenée dans un même profil.

Les dimensions suivantes adoptées dans la Campine ont donné de bons résultats.

Longueur des billons	25^m, » à 40^m, »
Largeur id.	5 » à 8 »
Pente transversale . . . . '. . . .	0 03 à 0 04 p. mètre.
Largeur moyenne au plafond de la rigole d'alimentation . . .	0 10 à 0 20
Profondeur id. id.	0 07 à 0 15
Largeur moyenne au plafond de la rigole d'égout.	0 15 à 0 25
Profondeur id. id.	0 12 à 0 20

La méthode d'arrosage par billons est la plus efficace de toutes, mais elle a l'inconvénient d'exiger un terrassement général du sol à arroser, elle est donc d'un établissement plus coûteux que les autres; mais elle économise l'eau et est souvent avantageuse.

ARROSAGE PAR RIGOLES A PENTE. — L'arrosage par rigoles en pente consiste dans l'emploi de petites rigoles de distribution descendant suivant les lignes de plus grande pente du terrain à arroser et se ramifiant à droite et à gauche en un certain nombre de rigoles d'arrosage qui sont également inclinées et à section décroissante.

L'avantage de cette méthode consiste à ne pas exiger de terrassements généraux; mais l'eau peu économisée est inégalement répartie.

Les travaux dont nous venons de parler, et qui concernent la pratique des irrigations, sont dirigés exclusivement par les propriétaires du sol, ils ne rentrent donc qu'indirectement dans notre cadre. Nous nous bornons à dire en terminant que, d'après M. Nadault de Buffon [1], la mise en irrigation d'un hectare de terrain coûte moyennement de 600 à 700 francs, en y comprenant l'achat de l'eau, la confection des canaux secondaires et la préparation du sol arrosable.

1. *Hydraulique agricole*, 1858, tome III, page 318.

CHAPITRE V

COLMATAGES

INDICATIONS GÉNÉRALES. — L'action des pluies sur les terrains en pente entraîne chaque année une partie du sol vers le thalweg des vallées. Les rivières attaquent en outre plus ou moins leur lit à certaines époques, de sorte que pour ces deux motifs elles roulent de temps en temps des eaux troubles, susceptibles de composer un sol d'alluvion plus ou moins fertile suivant la nature des matières en suspension.

L'opération du *colmatage* a pour but de s'emparer de ces matières en les faisant déposer sur les terrains que l'on veut améliorer.

Lorsqu'on essaye de se rendre compte du volume total de limon produit chaque année par quelque grand cours d'eau torrentiel, on arrive à des chiffres qui dépassent tout ce qu'on aurait pu supposer. L'Isère, la Drôme et la Durance fournissent annuellement ensemble plus de 36 millions de mètres cubes de limons qui vont contribuer à l'extension du delta du Rhône, au grand détriment de l'agriculture et de la navigation.

Suivant M. Nadault de Buffon[1], la valeur agricole d'un mètre cube de limon atteint 1 franc à 1 fr. 20.

Ces indications sommaires suffisent pour faire comprendre l'importance du sujet traité dans le présent chapitre.

Les atterrissements artificiels produits par le colmatage peuvent être utilisés dans des circonstances différentes, savoir :

1° Sur des bas-fonds marécageux et insalubres que l'on veut exhausser et assainir;

2° Sur des terrains plus ou moins stériles que l'on veut améliorer.

Le premier mode d'emploi constitue un procédé de desséchement, aussi l'étude des colmatages est-elle souvent traitée en même temps que les autres systèmes de desséchement; néanmoins l'ensemble des travaux de prise d'eau, de canalisation et d'évacuation présente trop d'analogie avec ce qui concerne les irrigations pour que cette étude ne soit pas placée dans la même section que les arrosages et les limonages dont nous parlons dans les chapitres précédents.

COLMATAGE ARTIFICIEL. Le colmatage par les eaux troubles s'opère de deux manières, savoir : 1° naturellement, quand le cours d'eau limoneux se répand librement au moment d'une crue sur le sol à améliorer ; 2° artificiellement quand cette submersion est réglée par un système d'ouvrages spéciaux.

Dans le premier cas on n'a à s'occuper que de l'évacuation des eaux clarifiées et l'on se conforme pour cela aux procédés connus d'assèchement et de desséchement.

Dans le second cas on doit exécuter une série de travaux que nous allons indiquer.

PRINCIPAUX OUVRAGES DE COLMATAGE. — C'est à l'époque des crues que les rivières charrient leur limon, et c'est par conséquent sous un niveau assez élevé que doivent fonctionner les prises d'eau de colmatage.

---

1. *Hydraulique agricole*, 1867, pages 24-26.

Le terrain à colmater est quelquefois assez éloigné de la prise d'eau pour être naturellement à l'abri d'une inondation; mais plus souvent ce terrain longe la rivière et serait couvert par la crue si celle-ci n'était d'abord endiguée. L'opération du colmatage se rattache donc généralement à un endiguement des crues du cours d'eau principal et de ses affluents.

Cet endiguement une fois fait, il reste à exécuter :

1° Des aqueducs à travers les digues pour prendre à volonté l'eau trouble;

2° Des levées ou bourrelets de colmatages disposées transversalement, de la rivière vers le coteau, pour diviser le terrain en bassins successifs de dépôt. Leur espacement dépend de la pente longitudinale de la vallée.

3° Des petits pertuis à travers ces levées de colmatage pour vider ou remplir à volonté les bassins.

4° Enfin des fossés d'écoulement pour rejeter dans la rivière les eaux clarifiées.

ENDIGUEMENT ET COLMATAGE DE LA RIVE GAUCHE DU VAR. — Pour mieux préciser ce qui concerne ces travaux nous allons donner quelques détails sur le colmatage exécuté le long de la rive gauche du Var d'après les principes ci-dessus. (Fig. 92 à 96.)

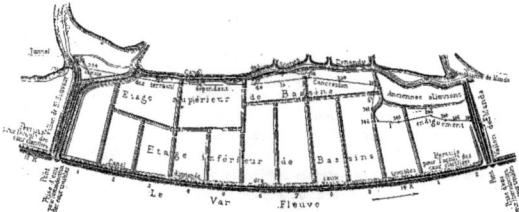

Fig. 92. — PLAN-TYPE DE COLMATAGE D'UNE PARTIE DE LA RIVE GAUCHE DU VAR.

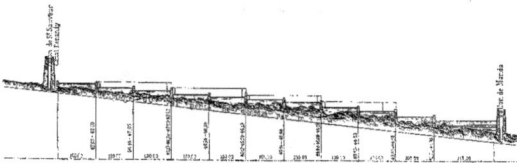

Fig. 93. — COUPE EN LONG D'UNE PARTIE DE LA RIVE GAUCHE DU VAR.

Les eaux du Var sont presque toujours limoneuses et dans les grandes crues la proportion des limons terreux atteint 3 à 4 millièmes du volume.

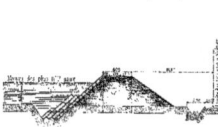

Fig. 94. — PROFIL DE LA DIGUE PRINCIPALE DU VAR.

Fig. 95. — ÉLÉVATION D'UNE PRISE D'EAU DE COLMATAGE (Var).

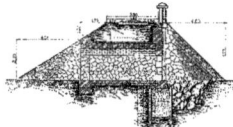

Fig. 96. — COUPE D'UNE PRISE D'EAU DE COLMATAGE DE LA RIVE GAUCHE DU VAR.

Le Var inférieur, sur une longueur de 22,800 mètres à partir de la mer, coule à travers une plaine de 1,500 à 2,000 mètres de largeur; avant les travaux d'endiguement il changeait de lit et bouleversait toute cette vallée à chaque crue.

Les travaux commencés il y a près d'un siècle ont eu pour but de fixer le lit du Var par un endiguement et d'améliorer par le colmatage le reste de la plaine.

Diverses observations ont permis d'évaluer à 5,800 mètres cubes par seconde le débit maximum d'une crue du Var.

On a admis un lit de 300 mètres de largeur entre les digues et l'on a reconnu qu'en certains points la crue maximum pourrait s'élever dans ce lit à $4^m,16$ au-dessus de l'étiage avec une pente de $0^m,0036$ par mètre.

On a élevé l'endiguement à 5 mètres au-dessus de l'étiage; la largeur de chaque digue est de 7 mètres au sommet; le talus du côté des terres est de 3 mètres de base pour 2 de hauteur, celui du côté du Var est à 45 degrés; mais il est défendu par de gros enrochements et fondé à $0^m,50$ sous l'étiage.

Les prises d'eau sont des aqueducs ayant une ou deux ouvertures de 1 mètre de largeur chacune, suivant l'importance des bassins à desservir; des vannes permettent de n'introduire que le volume d'eau jugé utile.

Les levées de colmatage ont $0^m,80$ à leur sommet, une hauteur de 2 mètres au-dessus de l'étiage et des talus à 3 de base pour 2 de hauteur; elles sont en gravier et espacées de 100 mètres. Le sol naturel est moyennement à $0^m,60$ en contre-haut de l'étiage; on peut introduire l'eau de colmatage jusqu'à environ $0^m,020$ en contre-bas du sommet des levées; on a donc dans le principe une épaisseur d'eau suffisante pour assurer un atterrissement rapide et profond.

Les pertuis pratiqués dans les levées de colmatage ont leur seuil au niveau de l'étiage du Var; ils ont 2 mètres de hauteur et sont fermés au moyen de poutrelles qui enlevées successivement permettent une évacuation lente par un déversoir dont on abaisse peu à peu le niveau.

Tels sont les principaux ouvrages qui assurent l'atterrissement et la mise en valeur des bas-fonds insalubres et des graviers stériles composant autrefois la rive gauche du Var.

Parmi les colmatages importants exécutés en France nous citerons encore ceux qui se font naturellement par le jeu des marées en arrière de l'endiguement de la Seine maritime depuis la Mailleraye jusqu'à l'embouchure de la Rille.

En Italie, les marais Pontins, le val de Chiana et les marennes de Toscane offrent sur une grande échelle diverses applications des eaux troubles au desséchement et à la mise en valeur du sol.

QUATRIÈME PARTIE

DESSÉCHEMENT, DRAINAGE, TRAVAUX DE DÉFENSE
CONTRE LES INONDATIONS

Dans les trois premières parties de notre travail nous avons exposé les diverses manières d'utiliser les eaux, soit pour la navigation, soit pour l'alimentation des villes, soit pour l'agriculture; il nous reste à dire maintenant comment on peut se débarrasser des eaux dont on redoute les influences fâcheuses. Nous allons donc parler des desséchements, du drainage et des travaux de défense contre les inondations.

CHAPITRE PREMIER

DESSÉCHEMENTS

HISTORIQUE DES DESSÉCHEMENTS EN FRANCE. — Le desséchement des marais et des étangs intéresse à la fois l'agriculture et la santé publique, mais en cette matière les difficultés matérielles relatives aux travaux ont généralement bien moins d'importance que les difficultés administratives résultant de contestations multiples. Les gouvernements successifs de la France se sont efforcés d'améliorer cette situation par diverses mesures législatives que nous allons rappeler.

Un des plus anciens documents sur le desséchement des marais est l'édit de 1599 rendu par Henri IV sous la sage administration de Sully. Cet édit pose en principe que tous les marais du royaume seront desséchés par la Compagnie hollandaise à la tête de laquelle se trouvait l'ingénieur Bradley. Les propriétaires avaient deux mois pour faire connaître s'ils voulaient dessécher eux-mêmes; passé ce délai, la Compagnie devait exécuter les travaux d'office et recevait en échange la moitié des terrains desséchés.

Une assez grande étendue de marais fut desséchée surtout dans le sud-ouest de la France en exécution de l'édit de 1599 complété par un autre édit de 1607; mais Bradley étant mort en 1636, les opérations de la Compagnie hollandaise cessèrent peu à peu et, à partir de 1654 jusqu'à la Révolution, on ne fit plus que quelques concessions particulières à des personnes habitant généralement dans le voisinage des terrains à assainir.

Un décret, rendu le 24 décembre 1790 sous l'autorité de l'Assemblée nationale, fit application du principe de l'expropriation pour cause d'utilité publique aux terrains à dessécher. Les propriétaires étaient mis en demeure d'exécuter eux-mêmes les travaux, à défaut de quoi, passé un certain délai, les directoires des départements prenaient possession des terrains et exécutaient d'office, sauf à payer aux propriétaires la valeur du sol à dire d'experts. Les terrains desséchés étaient ensuite vendus par lots au profit du Trésor. Les graves événements qui agitèrent l'Europe à cette époque, firent que ce décret n'eut que peu d'applications.

On reconnut, d'ailleurs, que les directoires des départements chargés d'assurer l'observation du décret de 1790 étaient trop en contact avec les intéressés, et il fut admis en principe que l'État exécuterait lui-même les travaux ; un projet de décret fut présenté dans ce sens par le comité d'agriculture, mais il ne fut pas promulgué quoique approuvé par la convention.

Un autre projet de décret fut présenté à l'Assemblée nationale en novembre 1793 pour faire supprimer tous les moulins à eau et pour les remplacer par des moulins à vent, à bras ou à manéges, aux frais du Trésor public. Ces mesures absolues et inexécutables n'eurent pas d'effet.

C'est seulement quinze ans plus tard que l'on put reprendre utilement la législation sur cette matière, et promulguer la loi du 16 septembre 1807, qui s'applique encore aujourd'hui, dans certains cas, aux opérations de desséchement.

Les dispositions principales contenues dans cette loi sont les suivantes :

Le gouvernement ordonne les desséchements qu'il juge utiles.

Les desséchements sont exécutés par l'État ou par des concessionnaires.

Les concessions sont faites par décret rendu en Conseil d'État sur des plans levés ou vérifiés par des Ingénieurs des Ponts et Chaussées.

Les concessions sont accordées de préférence aux communes ou à un syndicat de propriétaires. Elles ont lieu avec publicité et concurrence aux conditions les plus avantageuses pour les propriétaire du sol.

Les ouvrages, après leur achèvement, sont reçus, s'il y a lieu, par le service des Ponts et Chaussées.

Deux estimations faites, l'une avant le commencement des travaux, l'autre après leur réception, déterminent la plus-value de chaque parcelle ; cette plus-value est partagée entre le concessionnaire et le propriétaire dans une proportion déterminée par l'acte de concession.

La conservation des travaux de desséchement est confiée à l'administration publique ; les contraventions et les dommages sont poursuivis par la voie administrative comme en matière de grande voirie.

La loi du 21 juin 1865 a marqué un nouveau pas dans l'amélioration de la législation sur les desséchements, elle a eu pour but d'encourager l'initiative des propriétaires et de provoquer l'esprit d'association ; mais le gouvernement a toujours le droit de prescrire d'office les travaux d'un intérêt public incontestable, en appliquant la loi de 1807, si, par impossible, les propriétaires intéressés refusaient de reconnaître l'utilité de ces travaux.

PROCÉDÉS DIVERS DE DESSÉCHEMENT. — Les procédés d'assainissement varient suivant les causes qui produisent la stagnation des eaux et ces causes sont de diverses natures.

Tantôt cette stagnation est causée par des barrages établis sur le cours d'eau qui occupe le fond de la vallée, ou par la négligence avec laquelle les meuniers manœuvrent leurs vannes de décharge. On doit d'abord dans ce cas recourir aux mesures de police en vertu desquelles l'autorité administrative est chargée d'assurer le libre écoulement des eaux.

Tantôt le défaut d'écoulement provient de l'insuffisance du débouché de la rivière ou du ruisseau ; la solution consiste à procéder d'abord à son curage à vif fond, conformément à la loi du 14 floréal an XI. Si ce premier travail ne suffit pas, on examine s'il ne convient pas d'augmenter le débouché en élargissant le cours d'eau, en l'approfondissant, en le redressant ou en creusant un nouveau canal d'évacuation; c'est alors un travail neuf pour lequel on doit recourir à l'application de la loi du 16 septembre 1807.

Le tracé d'un canal de desséchement suit naturellement le thalweg de la vallée, sa pente et sa section se calculent d'après le volume d'eau à débiter ; sur ce canal viennent s'embrancher des canaux secondaires qui vont assainir sur chaque rive les moindres dépressions.

L'écoulement des eaux de desséchement ne peut quelquefois avoir lieu que par intermittences, par exemple quand le canal émissaire est soumis à l'influence des marées. Ce canal forme alors une sorte de réservoir dans lequel les eaux s'accumulent pendant la haute mer et dont elles ne s'échappent que quand le niveau de la mer est suffisamment bas. On doit tenir compte de ces conditions quand on détermine sa section et sa pente, on doit, en outre, le terminer par un ouvrage spécial susceptible de se fermer au moyen de portes busquées, de clapets ou de vannes, afin d'empêcher l'introduction de la marée.

Enfin, on peut avoir à dessécher un bas-fond sans écoulement naturel. L'ouverture d'un canal émissaire exige souvent alors des tranchées profondes ou une galerie souterraine ; on examine comparativement s'il ne serait pas plus économique de relever l'eau au moyen de machines d'épuisement ou d'amener des eaux troubles et de remblayer le sol par un colmatage.

Les Romains nous ont laissé deux remarquables émissaires destinés au desséchement du lac d'Albane et du lac Fucin, nous allons en dire quelques mots :

ÉMISSAIRE DU LAC D'ALBANE. — Le lac d'*Albane*, autrefois lac d'Albe, est situé près de Castel-Gandolfo, dans un entonnoir profond et sans issue naturelle; l'an de Rome 355, pendant le siège de Veies, ce lac éprouva sans cause apparente une crue subite au sujet de laquelle les Romains effrayés consultèrent l'oracle de Delphes; celui-ci répondit que la prise de Veies n'aurait lieu que quand on aurait donné écoulement aux eaux du lac; l'oracle voulait probablement dire que la victoire se ferait longtemps attendre, tant l'ouvrage indiqué semblait difficile. Néanmoins les Romains commencèrent immédiatement les travaux, la montagne fut bientôt percée par un souterrain voûté en pierres de taille sur une longueur de 2,457 mètres, la largeur intérieure est de 1^m,137, et la hauteur est de 1^m,95, et aujourd'hui encore, après plus de 2,200 ans d'existence, ce grand ouvrage conduit l'eau du lac d'Albane sur les champs arrosés, de l'autre côté de la montagne.

ÉMISSAIRE DU LAC FUCIN. — Au lac Fucin, l'empereur Claude fit creuser un émissaire plus considérable encore que celui du lac d'Albe. Il consistait en un souterrain de 6^m,50 de haut sur 3^m,25 de large, qui, d'après Pline, exigea un travail assidu pendant dix ans; abandonné par Néron et oublié pendant longtemps, cet émissaire en partie démoli et obstrué a été reconstruit suivant de nouveaux plans, dans ces dernières années, par le prince Torlonia.

Néron avait commencé un travail du même genre au lac d'Averne pour alimenter un canal navigable allant de Rome à Baies, mais ce projet ne fut pas entièrement exécuté. La tranchée que l'on montre aujourd'hui comme menant au prétendu antre de la Sibylle, n'est autre qu'un reste du canal de Néron.

ASSAINISSEMENT DE LA DOMBES. — Les étangs qui sont tantôt en culture, tantôt en eau, sont généralement des foyers d'infection qu'il importe de faire disparaître. Nous citerons à ce sujet l'exemple de la Dombes et des travaux d'assainissement exécutés depuis quelques années dans les arrondissements de Bourg et de Trévoux.

Les dépressions naturelles et l'imperméabilité du sol de la Dombes ont dû donner très anciennement l'idée d'y créer des étangs. Toutefois la plupart de ceux qui y existaient encore il y a peu d'années ont été créés vers le xve siècle, à la suite des guerres qui désolèrent la contrée. La culture des étangs convenait en effet à un pays pauvre et dépeuplé. Chaque étang reste deux ans en eau ; il est mis à sec et cultivé la troisième année, puis remis à eau après la récolte.

Voici la situation officielle de la Dombes, en 1850 :

Les étangs répartis dans 93 communes étaient au nombre de plus de 1,600 et occupaient 18,858 hectares.

Si on ne considère que les 50 communes les plus humides, la surface des étangs était de 17,500 hectares pour une étendue territoriale de 92,801 hectares.

Dans certaines communes la surface des étangs était les 0,424 de la surface totale et il y avait de 73 à 94 fiévreux, sur 100 habitants, en 1857.

La vie moyenne n'y était que de quatorze ans et deux mois, et la taille moyenne de 1^m,62.

La suppression des étangs de la Dombes exigeait sa transformation agricole et, par conséquent, la création de voies de communication pour l'importation des fumiers, des chaux, des cendres, etc., et pour l'exportation des récoltes.

En 1854, le gouvernement décida la création d'un réseau de 15 routes agricoles d'une longueur totale de 242 kilomètres; un second réseau de 15 autres routes ayant ensemble 121 kilomètres, fut décidé par décret du 15 mai 1869; environ 300 kilomètres de ces routes sont aujourd'hui terminés. Les communes intéressées fournissent les terrains et exécutent les terrassements, l'État construit les ouvrages d'art et la chaussée; les dépenses faites ainsi par l'État se sont élevées moyennement à 4 fr. 14 c. par mètre courant.

En 1863, l'État concéda, moyennant une subvention de 3,750,000 francs, le chemin de fer de Lyon à Bourg, traversant diagonalement la Dombes; la compagnie concessionnaire fut chargée, au moyen de traités amiables passés avec les propriétaires, de dessécher et de mettre en valeur 6,000 hectares d'étangs, moyennant une seconde subvention de 250 francs par hectare d'étang.

Au 1er mai 1873, la Compagnie avait déjà desséché 434 étangs, comprenant une superficie de 4,813 hectares.

Enfin, le service des Ponts et Chaussées a fait creuser des puits publics, qui donnent des eaux de bonne qualité; elle a constitué des syndicats pour le curage et l'entretien des cours d'eau et l'État a donné environ 100,000 francs de subvention pour ces travaux.

Aujourd'hui, l'assainissement de la Dombes est assuré, la proportion des fiévreux est inférieure à 4 o/o; la vie moyenne atteint 35 ans, et la population, qui était de 20 habitants par kilomètre carré, s'est élevée à 31 habitants.

CHAPITRE II

DRAINAGE.

On désigne sous le nom de *drainage* l'opération qui consiste à faire écouler *souterrainement* les eaux surabondantes contenues dans la couche superficielle du sol.

Ces eaux sont nuisibles non seulement à l'agriculture en général, mais encore à la santé des cultivateurs.

HISTORIQUE. — L'assainissement des terres au moyen de conduits souterrains était connu des Romains; Columelle, écrivain du siècle d'Auguste, dit que quand le sol est humide on doit faire des tranchées de trois pieds de profondeur, que l'on remplit de pierres, de gravier ou de fascines, puis on achève de les combler avec de la terre (fig. 97).

Ollivier de Serres recommande la même pratique dans son *Théâtre de l'agriculture,* publié en 1600.

En 1843, l'Anglais Read présenta à l'Exposition agricole de Derby divers spécimens de tuyaux en terre cuite, destinés à être placés au fond des tranchées en remplacement des pierrailles et des fascines employées jusqu'alors.

FIG. 97. — DRAIN REMPLI DE PIERRES.

A partir de cette époque, ce procédé d'assainissement et d'ameublissement a pris, sous le nom de *drainage,* un développement considérable en Angleterre. Il a été introduit en 1850 en Belgique, puis en 1852 en France. Une loi spéciale a été promulguée le 10 juin 1854 pour assurer le libre écoulement des eaux provenant du drainage, puis une autre loi du 28 juin 1856 a ouvert un crédit de 100 millions pour subventionner ce nouveau procédé moyennant remboursement par annuités.

EFFETS DU DRAINAGE. — Les conduits de drainage donnent issue aux eaux stagnantes qui nuisent au développement des racines; les vides qui subsistent entre les particules après le départ des eaux rendent le sol meuble et poreux, c'est-à-dire plus facile à labourer et mieux disposé pour recevoir et s'assimiler les éléments divers de la végétation.

Le volume d'eau évaporé à la surface se trouvant diminué par l'écoulement souterrain, il en résulte pour la température du sol un accroissement notable, que l'on évalue à $6°\frac{1}{4}$ en Angleterre; cet accroissement a une grande influence sur la qualité des récoltes et sur l'époque de leur maturité; il évite souvent les gelées du printemps. Enfin certaines épidémies qui atteignent les animaux et les hommes dans les terrains humides disparaissent par l'effet du drainage; souvent les brouillards cessent de se manifester sur les terres assainies.

Pour bien se rendre compte du nouvel état dans lequel se trouve un terrain drainé, il suffit d'observer que l'écoulement de l'eau fait un appel d'air qui pénètre entre ses diverses particules et se renouvelle à chaque pluie. Le courant alternatif d'eau et d'air qui s'établit ainsi à travers le sol et autour des racines produit les effets que nous venons d'indiquer.

TERRAINS A DRAINER. — On peut conclure de ce qui précède que les terrains perméables peuvent généralement se passer de drainage; les terrains imperméables, au contraire, réclament ce mode d'assainissement quand leur sol est assez fertile pour mériter une aussi grande dépense.

Les principaux signes extérieurs auxquels on reconnaît qu'un terrain a besoin d'être drainé sont les suivants :

1° Après la pluie l'eau séjourne à la surface ;
2° La culture se fait habituellement en ados ou sillons ;
3° On ne peut labourer que dix à quinze jours après une pluie abondante ;
4° Les jeunes plants souffrent et sont sujets à la gelée ;
5° On rencontre des plantes parasites telles que : pas-d'âne, sauge, queue-de-cheval, persicaire, presle, menthe, narcisse, lèche, colchique, mousses, etc.

En pratique les indications des cultivateurs suffisent toujours pour bien déterminer les points à assainir.

DESCRIPTION SOMMAIRE DU DRAINAGE. — Les travaux de drainage consistent à ouvrir une série de tranchées très-étroites d'environ $1^m,20$ de profondeur, au fond desquelles on pose bout à bout des tuyaux en poteries que l'on recouvre ensuite de terre en comblant les tranchées. Les extrémités de deux

Fig. 98. — Tuyau de drainage.   Fig. 99. — Tuyaux assemblés avec manchon.

tuyaux consécutifs sont engagées dans un manchon qui forme assemblage et donne à la conduite une certaine rigidité. (Fig. 98-99)

Un réseau de drainage se compose de tuyaux de divers diamètres. On nomme *petits drains* ceux qui ne reçoivent par embranchement les eaux d'aucune autre ligne ; *collecteurs de premier ordre* ceux qui

Fig. 100. — Raccordement de deux lignes de drains de même diamètre.   Fig. 101. — Raccordement d'un drain et d'un collecteur.

reçoivent directement l'eau des petits drains ; *collecteurs de deuxième ordre* ceux qui reçoivent l'eau des collecteurs de premier ordre, et ainsi de suite. (Fig. 101-102-103.)

Les petits drains doivent être dirigés suivant les lignes de plus grande pente du sol : 1° Afin de faciliter l'écoulement ; 2° Pour que leur action se fasse sentir également des deux côtés ; 3° Parce qu'on a ainsi la certitude de rencontrer les couches donnant des suintements, couches qui sont généralement à peu près horizontales.

Fig. 102. — Tranchée de drain.

Fig. 103. — Tranchée de collecteur.

Les collecteurs se placent suivant les thalwegs du terrain.

Aux points d'intersection des collecteurs de divers ordres, on place des regards qui permettent de surveiller l'écoulement. (Fig. 104.)

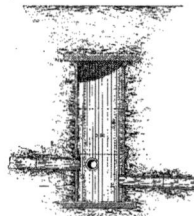

Fig. 104. — Coupe d'un regard.

Les tuyaux des petits drains ont de $0^m,030$ à $0^m,035$ de diamètre intérieur, une épaisseur de $0^m,01$ environ, et une longueur de $0^m,30$ à $0^m,40$; un petit drain ne doit pas avoir plus de 250 à 350 mètres de longueur. Dans ces conditions le drain peut écouler en 24 heures une couche d'eau de $0^m,01$ d'épaisseur tombée sur l'étendue du terrain à assainir.

Les diamètres des collecteurs vont en augmentant à mesure qu'ils sont d'un ordre plus élevé.

PROFONDEUR DES DRAINS. — L'expérience a montré que la profondeur des drains ne doit pas être inférieure à $0^m,90$; on adopte généralement la profondeur moyenne de $1^m,20$ pour les petits drains, les collecteurs sont de quelques centimètres plus bas. (Fig. 102 et 103.)

PENTE DES DRAINS. — La pente des drains est en général égale à la pente moyenne du terrain, quand cette dernière n'est pas trop forte. Dans ce dernier cas on peut diviser les lignes en sections à pentes plus faibles raccordées par un tuyau à 45°, pour la pose duquel on prend les précautions nécessaires pour que la vitesse de l'eau ne soit pas une cause de dégradation.

La pente des drains ne doit pas être inférieure à 0ᵐ,002 par mètre, sauf de très rares exceptions.

La bouche du collecteur doit toujours être établie au-dessus des crues ordinaires du cours d'eau évacuateur ; elle doit être munie d'une tête en maçonnerie fermée par une grille.

L'écartement des drains varie avec leur profondeur et avec la nature du terrain.

Pour des tranchées de 1ᵐ,20 de profondeur, cet écartement peut varier de 9 mètres à 20 mètres ; un essai direct constitue le meilleur moyen de reconnaître l'espacement qui convient le mieux à chaque terrain.

Les dépenses qu'occasionne le drainage varient nécessairement dans de fortes proportions, d'une localité à une autre. Les chiffres suivants ne peuvent donc être considérés que comme une indication.

On suppose un drainage de 3 à 6 hectares effectué au moyen de tuyaux n° 2 (diamètre 0ᵐ,0288) pour les petits drains, et de tuyaux n° 6 (diamètre 0ᵐ,0622) pour les collecteurs. On admet en outre que le terrain a une déclivité supérieure à 0ᵐ,01 par mètre ; enfin, on suppose une profondeur de 1ᵐ,20 et un écartement de 12 mètres pour les petits drains.

Fig. 105. — PLAN D'UN TERRAIN DRAINÉ.

Dans ces conditions, le drainage d'un hectare exige moyennement une longueur de 833 mètres de petits drains assemblés avec 2,500 manchons, et une longueur de 140 mètres de collecteurs assemblés par 420 manchons.

L'achat et le transport des tuyaux et des manchons coûte	139ᶠ,14
La main-d'œuvre coûte	201ᶠ,41
Dépense par hectare. . . .	340ᶠ,55

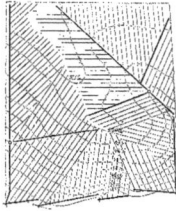

La surface de terrain drainé est, en France, d'environ 200,000 hectares, représentant une dépense d'à peu près 60 millions, soit en moyenne 300 francs par hectare.

La surface susceptible d'être drainée est d'environ 6 millions d'hectares, d'après M. l'ingénieur en chef Mangon.

CHAPITRE III

DES INONDATIONS.

CIRCONSTANCES QUI PRODUISENT UNE GRANDE CRUE. — Un grand cours d'eau se trouve en crue dans une localité déterminée quand les crues d'un assez grand nombre de ses affluents arrivent en même temps dans cette localité. Il faut donc, pour produire une grande crue, la réalisation de divers phénomènes météorologiques étendant leur action à un moment voulu sur des surfaces bien définies. Si ces phénomènes, pluies ou fonte de neiges, n'agissent que sur quelques affluents, ou s'ils agissent à des moments tels que les écoulements soient successifs et non simultanés, la crue n'aura que peu d'importance. Enfin, on peut dire d'une manière générale que les hautes eaux sont produites non seulement par l'abondance des pluies, mais surtout par leur mode de répartition entre les saisons chaudes ou froides et entre les bassins des divers affluents.

En résumé, une grande crue dépend de la combinaison de diverses circonstances qu'il ne nous est pas donné de calculer avec certitude, mais dont la réalisation est possible dans l'avenir aussi bien que par le passé.

Les désastres causés en 1846, 1856, 1866, par les débordements du Rhône et de la Loire ont remis à l'ordre du jour les diverses questions qui concernent l'écoulement des grandes eaux. On a recherché si notre climat n'a point changé ; on s'est demandé s'il ne faut pas reboiser une partie de la France ; enfin, on a présenté une série de systèmes préventifs ou défensifs contre les inondations. Nous allons analyser rapidement cette discussion.

Commençons par nous rendre compte des transformations successives qu'ont subi les lits des rivières.

GRANDS COURS D'EAUX DE L'ÉPOQUE QUATERNAIRE. — A l'époque que les géologues désignent sous le nom de *quaternaire*, époque à laquelle la France était hantée par l'ours des cavernes, par le mammouth et le renne, où l'homme ne savait encore se servir que de silex taillés, mais non polis, les cours d'eau occupaient le même emplacement qu'aujourd'hui, mais ils étaient beaucoup plus considérables ; la Seine n'avait pas moins de 1 à 2 kilomètres de largeur sur l'emplacement de Paris; les eaux pluviales tombaient avec tant d'abondance qu'elles ruisselaient même à la surface des terrains perméables [1].

A la fin de l'époque quaternaire, un changement brusque se produisit sans que nous sachions en distinguer la cause ; les pluies diluviennes cessèrent, les grands cours d'eau de l'âge de la pierre taillée devinrent nos petites rivières d'aujourd'hui, le climat s'adoucit subitement, l'ours des cavernes, le mammouth et le renne disparurent. En même temps la tourbe fit son apparition dans les vallées des terrains perméables [2].

RÉGIME UNIFORMÉMENT VARIÉ DEPUIS L'ÉPOQUE QUATERNAIRE JUSQU'A AUJOURD'HUI. — Depuis cette grande et brusque transformation notre planète paraît avoir conservé les caractères généraux que nous lui connaissons aujourd'hui.

1. *La Seine*, par M. Belgrand, pages 1 et suivantes.
2. *La Seine*, par M. Belgrand, page 16.

Les prétendus changements climatériques survenus dans les temps modernes ne sont nullement démontrés, et s'il est vrai que la culture et le déboisement ont eu une influence, cette influence ne peut être que locale, c'est-à-dire très-restreinte et plutôt hygiénique que météorologique.

Les grandes pluies qui causent les débordements des rivières ne nous paraissent pas sensiblement affectées par le plus ou moins d'humidité de quelques zones des couches inférieures de l'atmosphère ; elles sont dues à des causes générales qui dépassent le pouvoir de l'homme, et la quantité d'eau pluviale qui tombe en un même point a dû rester sensiblement constante depuis l'époque quaternaire.

EXHAUSSEMENT ET CULTURE DES VALLÉES. — Il n'en est pas de même pour les vallées qui donnent écoulement à ce volume d'eau : tout en conservant leur aspect général, elles ont dû subir les transformations plus ou moins lentes produites par le dépôt des graviers et des limons et par les végétations de diverses natures. La culture et le déboisement ont exercé une certaine influence sur ces transformations. Les thalwegs se sont trouvés ainsi peu à peu encaissés entre des rives de moins en moins submersibles et par suite le niveau des crues a dû avoir une tendance naturelle à se relever. (Fig. 106.)

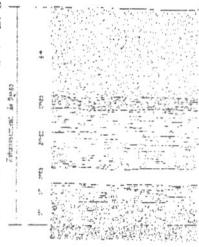

Fig. 106. — COUPE INDIQUANT L'EXHAUSSEMENT DE LA RIVE GAUCHE DE LA SEINE, près de l'écluse de Mérican.

ORIGINE ET OBJETS DES ENDIGUEMENTS. — L'idée de cultiver ces rives et de les défendre par des digues est bien naturelle et elle a dû naître à une époque très ancienne.

Les brèches ouvertes dans les anciennes digues de la Loire ont montré que, très basses dans le principe elles ont été relevées successivement à la suite de quelque inondation et à mesure de l'extension de la culture vers le fleuve. Quand le sol riverain n'avait que peu de valeur, on se contentait de digues basses capables de les protéger contre les crues les plus ordinaires ; plus tard, quand ce même sol est devenu plus précieux, on a trouvé avantage à relever les premières digues pour rendre les inondations moins fréquentes, et c'est ainsi que, mettant en balance, d'un côté la dépense d'un endiguement de plus en plus élevé, et de l'autre l'avantage de ne perdre sa récolte que tous les cinq ans ou tous les dix ans par exemple, on est arrivé successivement aux grands endiguements actuels sans cependant les considérer comme donnant une sécurité absolue et définitive contre les grandes eaux.

Faute d'avoir réfléchi à cette succession d'idées et de faits, on a parfois mal apprécié les endiguements. On a vu les digues de la Loire rompues en 1856 et en 1866 et on leur a attribué les immenses dommages qui ont suivi, sans remarquer que, par l'effet des digues, les riverains avaient récolté paisiblement pendant dix ans entre ces deux inondations.

Il résulte de ce qui précède que la dépense et par suite l'efficacité d'un endiguement doivent dépendre de la valeur du terrain à protéger et peuvent varier d'un point à un autre ; mais que cette protection ne doit pas être considérée comme absolue ; qu'une crue supérieure à toutes celles connues peut survenir et qu'enfin le meilleur remède à cet état de choses consiste à économiser chaque année sur les revenus du terrain protégé, de manière à constituer une sorte de prime d'assurance destinée à faire la part de l'eau comme on fait la part du feu.

Telle est la seule manière rationnelle d'envisager sous un point de vue général l'endiguement des crues.

Jetons maintenant un coup d'œil sur les divers systèmes préventifs proposés.

RETENUES SUR LES AFFLUENTS. — Quelques personnes effrayées des désastres survenus à la suite des ruptures de digues ont cherché un remède en dehors des endiguements dont nous venons d'expliquer le véritable rôle. Ce remède consisterait à établir des barrages sur les divers affluents pour y faire des retenues à volonté et empêcher la coïncidence des écoulements dans le cours d'eau principal.

Un tel système présente de grandes difficultés d'exécution, il exige des dépenses considérables, il ne peut donner que des résultats incertains et soulèverait de nombreuses réclamations ; c'est ce que nous allons expliquer.

La première difficulté consiste à trouver pour les barrages des emplacements tels que les retenues produites ne causent pas des dommages plus considérables que ceux qu'ils doivent prévenir.

Les retenues projetées en vue des inondations se trouveraient en outre dans des conditions toutes différentes de celles destinées à l'alimentation des canaux ou des villes ; ces dernières ont en effet toute la saison pluvieuse pour se remplir ; elles doivent autant que possible ne pas recevoir les eaux d'orage qui les ensableraient, elles ont naturellement leur place vers les sommets peu habités, près des sources ; les premières au contraire devraient être situées sur des points assez bas, où le débit des affluents en temps de crue est considérable c'est-à-dire sur des points où l'importance des cours d'eau a déjà appelé depuis longtemps les populations et où il existe des usines et des voies de communication au milieu d'un sol précieux.

Si les barrages sont fixes comme ceux des réservoirs de canaux, le dommage causé se renouvellera tous les ans, tandis que celui à éviter ne se reproduit qu'à des intervalles plus ou moins éloignés.

Si on adopte un système quelconque de barrage mobile, les dommages annuels seront évités, il est vrai ; mais ne fonctionnant qu'à des intervalles très éloignés ces barrages seront en mauvais état et hors de service au moment où on en aura besoin. Enfin, comment vaincre à l'instant de la fermeture la résistance des populations habituées à cultiver les versants couverts des récoltes que l'on va submerger ?

En réalité, on n'aurait que déplacé le dommage au détriment des populations jouissant jusqu'alors d'une protection naturelle due à leur situation.

Mais supposons que, malgré ces difficultés et ces dépenses, les réservoirs sont établis et en état de bien fonctionner au moment voulu, on ne sera pas encore sûr d'obtenir un abaissement des crues du cours d'eau principal ; ainsi, par exemple, la crue de la Loire en 1846 a été produite par les eaux tombées sur le bassin supérieur de la Loire, tandis que la crue de 1856 a été produite par les eaux tombées sur le bassin de l'Allier ; par conséquent, si on avait construit dans les parties supérieures de la Loire les vingt ou trente barrages proposés à la suite de la crue de 1846, celle de 1856 n'en aurait éprouvé aucun abaissement sensible. D'un autre côté, si ces barrages étaient construits sur le bassin de l'Allier, ils pourraient exhausser une crue produite comme celle de 1846 par la Haute-Loire, car ils retarderaient l'écoulement des eaux de l'Allier et produiraient une coïncidence qui a été naturellement évitée en 1846, attendu que les crues de l'Allier ayant à parcourir une pente plus rapide et moins longue que celles de la Haute-Loire, passent naturellement les premières au bec d'Allier.

Admettons encore qu'on ait pu empêcher la coïncidence du passage au bec d'Allier, la crue de la Loire y sera atténuée, mais elle y durera plus longtemps et cet allongement pourra amener un autre coïncidence avec une crue d'un ou de plusieurs autres affluents inférieurs, tels que le Loiret, le Cher, la Vienne ou la Maine ; de sorte que le succès obtenu sur un point pourra aggraver le mal sur un autre.

En résumé, le système des réservoirs artificiels d'inondation n'a jamais été expérimenté, son exécution présenterait d'immenses difficultés et entraînerait d'énormes dépenses, ce système ne donnerait que des résultats incertains tantôt bons, tantôt mauvais, tantôt nuls, suivant la combinaison de phénomènes atmosphériques indépendants de notre influence.

Parmi les moyens d'éviter les inondations on a encore proposé le drainage, le reboisement, les dérivations et les tranchées horizontales sur le flanc des coteaux .

La plupart des observations faites précédemment en parlant des retenues peuvent s'appliquer à ces divers systèmes qui tendent également à retarder l'écoulement, mais avec moins de puissance et plus d'incertitude encore que les réservoirs.

En résumé, les digues longitudinales, malgré leurs ruptures accidentelles présentent le meilleur préservatif trouvé jusqu'à présent ; mais rien ne limitant la hauteur des crues, on ne doit considérer ces ruptures que comme un inconvénient prévu du système. C'est par une épargne annuelle que le propriétaire menacé doit s'assurer contre les dommages probables qui surviendront de temps en temps.

PROTECTION DES VILLES CONTRE LES INONDATIONS. — Un grand nombre de centres de populations sont placés dans le champ même des inondations de nos rivières ; cette situation fâcheuse n'est pas due uniquement à l'imprévoyance des premiers habitants ; des localités qui se trouvaient d'abord en dehors de la zône submergée ont dû être peu à peu atteintes à mesure que les dépôts d'alluvions ont produit le relèvement du sol des vallées et par suite celui des crues, ainsi que nous l'avons déjà dit au commencement de ce chapitre.

Quoi qu'il en soit, les points habités doivent être protégés d'une manière absolue contre les inondations.

Un premier système consiste à remblayer le sol à une assez grande hauteur pour n'avoir plus rien à craindre et à construire les habitations sur cette plate-forme élevée. Ce moyen héroïque paraît au premier abord dépasser les limites de ce qui est pratique, et cependant il est appliqué depuis les temps les plus reculés. Les villages de la basse Égypte sont bâtis sur des éminences artificielles qui depuis plus de quatre mille ans bravent les débordements du Nil; et en réalité on relève tous les jours le sol de quelques rues submersibles de nos grandes villes et de Paris en particulier, non pas en bloc, mais par petites parties et suivant un plan d'ensemble, toutes les fois que les circonstances permettent de le faire sans trop de dépenses. Au XVIe siècle, le sol de Paris n'était pas plus élevé que celui des plaines actuelles de Maisons-Alfort et d'Auteuil, et une crue ordinaire comme celle de septembre 1866 devait atteindre les fenêtres des rez-de-chaussée dans les quartiers bas [1].

A défaut d'un relèvement complet, une ville peut être protégée par une ceinture de digues élevée à un niveau supérieur à toute crue possible. Ce système peut offrir bien des inconvénients, il transforme la cité en une prison ou en une sorte de puisard dans lequel les crues finiront par pénétrer si elles sont de longue durée.

Ces inconvénients sont moindres quand la ville s'étend à flanc de coteau, et voici la solution admise pour protéger Paris contre les inondations de la Seine.

Dans la traversée de l'enceinte fortifiée, le fleuve doit se trouver enfermé entre deux quais continus s'élevant à un minimum de $7^m,50$ au-dessus de l'étiage; la ville sera donc à l'abri de toute crue ne dépassant pas $7^m,50$; or depuis 225 ans, six crues se sont élevées au-dessus de $7^m,50$, ce sont les suivantes :

1re En février 1649, crue de. . . . . $7^m,66$
2e En janvier 1651, — 7 83
3e En février 1658, — 8 81
4e En 1690, — 7 55
5e En mars 1711, — 7 62
6e En décembre 1740, — 7 90

Paris ne sera donc pas protégé d'une manière absolue quand l'endiguement projeté sera terminé, et le retour d'une des crues que nous venons de signaler y produirait de grands désastres. La crue de 1658, par exemple, y couvrirait encore 1,166 hectares, celle de 1740 s'étendrait sur 720 hectares [2].

On peut juger par ces grandes surfaces de la difficulté d'un relèvement convenable du sol, relèvement qui ne peut être que le produit lent du travail de plusieurs siècles.

L'endiguement de la Seine dans Paris est complété par les deux grands égouts collecteurs qui s'étendent sur chaque rive et dont nous avons déjà parlé dans la deuxième partie de cet ouvrage, à la fin du chapitre VI.

Les réservoirs, dont nous avons démontré l'impuissance ou tout au moins les effets incertains en ce qui concerne les crues d'une vallée, peuvent au contraire produire d'excellents résultats quand il s'agit seulement de la défense d'un périmètre déterminé comme l'enceinte d'une ville; c'est ainsi que, profitant de la disposition naturelle de la contrée, on a pu protéger la ville de Saint-Étienne au moyen du réservoir du Furens et la ville d'Annonay au moyen du réservoir de Ternay.

RÉSERVOIRS DU FURENS ET PROTECTION DE LA VILLE DE SAINT-ÉTIENNE CONTRE LES INONDATIONS. — Nous allons donner quelques détails sur le premier de ces deux réservoirs qui mérite d'être signalé non seulement à cause de sa retenue de 50 mètres de hauteur, mais surtout parce que le profil de son mur formant barrage a été étudié avec un soin particulier et sert aujourd'hui de type pour les constructions analogues. (Fig. 107-108-109.)

Le réservoir du Furens a un triple objet, savoir :

1° Protéger la ville de Saint-Étienne contre les inondations ;

2° Alimenter en eau cette ville, qui compte 100,000 habitants ;

1. *La Seine*, par M. Belgrand, p. 298.
2. *La Seine*, par M. Belgrand, p. 320.

3° Assurer en tout temps aux nombreuses usines situées sur le Furens une force hydraulique suffisante pour éviter le chômage.

Fig. 107. — PLAN DU RÉSERVOIR DU FURENS.

Fig. 108. — COUPE SUIVANT YX DU PLAN.

Un mur de 50 mètres de hauteur, en maçonnerie hydraulique, a été établi à cet effet en travers de la vallée du Furens au droit d'un étranglement qui n'a que 100 mètres de largeur, un peu en amont de Saint-Étienne.

En étiage, le Furens ne débite que 80 litres par seconde. Une crue ordinaire donne 15 mètres cubes par seconde, mais en 1849 une crue extraordinaire a produit 131 mètres cubes par seconde ; or la ville de Saint-Étienne est inondée quand le débit atteint 93 mètres.

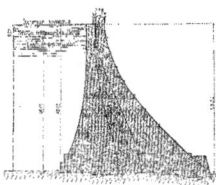

Fig. 109. — COUPE DU BARRAGE SUIVANT MN DU PLAN.

Lors de la crue de 1849, on a constaté que, pendant la durée du débit supérieur à 93 mètres cubes par seconde, le cours d'eau a fourni en tout 205,200 mètres cubes. On en a conclu que pour mettre la ville à l'abri d'une inondation il eût suffi de pouvoir emmagasiner ce volume et, pour éviter tout mécompte à l'avenir, on a admis que le réservoir doit toujours être en état de recevoir 400,000 mètres cubes d'eau de crue subite.

La capacité du réservoir du Furens depuis le fond jusqu'à une hauteur de $44^m,50$ est de 1,200,000 mètres cubes. Au-dessus de la cote de $44^m,50$ il reste un vide de $5^m,50$ de hauteur qui représente une capacité de 400,000 mètres cubes, toujours prête à recevoir la partie nuisible d'une trombe d'eau double de celle de 1849.

Quant à la retenue permanente de 1,200,000 mètres cubes au-dessous de la cote $44^m,50$, l'expérience a montré qu'elle peut se renouveler deux fois par an. On prélève 600,000 mètres cubes pour les besoins de la ville de Saint-Étienne, et il reste 1,800,000 mètres cubes à donner aux usines de la vallée pendant la saison d'étiage.

EXPLICATION

DES PLANCHES

RIVIÈRES CANALISÉES.

Pl. I. — Barrage de Seine-Port.

Le barrage de Seine-Port est l'un des douze barrages éclusés qui servent à canaliser la Seine entre Montereau et Paris. Il est situé au droit du village de Seine-Port à 12ᵏᵐ,5 en aval de Melun.

Construit de 1862 à 1865 sous la direction de MM. les ingénieurs Chanoine et de Lagrené, il comprend une écluse de 180 mètres de longueur sur 12 mètres de largeur, une passe navigable de 45ᵐ,50 et un déversoir de 64ᵐ,50. La passe et le déversoir sont fermés par des hausses Chanoine; il a coûté 821, 000 francs.

La planche I représente le barrage pendant sa construction, la passe navigable munie de ses hausses est vue à sec, à l'abri des batardeaux.

Pl. II. — Barrage du Port-a-l'Anglais.

Le barrage du Port-à-l'Anglais est le dernier des 12 barrages de la haute Seine, il est situé à environ 3 kilomètres en amont de Paris.

Il a été construit de 1862 à 1865 par MM. les ingénieurs Chanoine et de Lagrené; une nouvelle passe profonde y a été établie en 1870-71 par MM. les ingénieurs Cambuzat et Boulé.

Ce barrage comprend aujourd'hui une écluse de 180 mètres de longueur sur 12 mètres de largeur, une passe navigable de 54ᵐ,70 de longueur ayant son seuil à 0ᵐ,60 sous l'ancien étiage, une seconde passe navigable de 28ᵐ,70 de longueur ayant son seuil à 1ᵐ,30 sous l'ancien étiage et un déversoir de 37ᵐ,90.

Les deux passes et le déversoir sont fermés par des hausses Chanoine.

Le barrage complet a coûté 1,200,000 francs.

La planche II représente la passe profonde à sec, à l'abri des batardeaux, après la pose des appareils mobiles de fermeture.

Pl. III, IV et V. — Barrage de Port-Villez.

Le barrage de Port-Villez est l'un des barrages éclusés établis sur la Seine entre Paris et Rouen.

Commencé en 1869 par MM. les ingénieurs Krantz et Duval, puis délaissé de 1873 à 1875 par suite de diverses modifications dans le système de fermeture, il a été repris, en 1875, sous la direction de MM. les ingénieurs de Lagrené, Cheysson et Caméré; il est

aujourd'hui (1879) terminé. Il comprend une écluse de 120 mètres de longueur sur 12 mètres de largeur, deux passes profondes de 60 mètres de longueur et un déversoir de 80 mètres de longueur. Les deux passes sont munies de fermettes ayant 5ᵐ,50 de hauteur, soutenant une retenue qui s'élève à 4 mètres au-dessus du seuil; le déversoir est également muni de fermettes. C'est au moyen du rideau inventé par M. l'ingénieur Caméré et appliqué contre les fermettes que l'on forme la retenue.

Le barrage étant à peine terminé, son prix de revient n'est pas encore connu; ce prix ne saurait, d'ailleurs, servir de terme de comparaison à cause des circonstances et des modifications survenues en cours d'exécution.

La planche III représente l'ensemble du barrage vu d'aval sur la rive gauche pendant la pose des fermettes de la passe profonde du milieu, en 1877.

La planche IV représente l'ensemble du barrage vu d'amont sur la rive droite; le déversoir terminé se présente d'abord avec ses fermettes debout, puis on distingue à la suite la passe profonde du milieu dont les fermettes sont également dressées.

La planche V représente plus en détail la passe profonde du milieu à l'abri de ses batardeaux; les fermettes sont, les unes couchées, les autres dressées.

Pl. VI. — Portes de l'écluse de Bougival.

L'écluse de Bougival est munie de trois paires de portes busquées dont deux aux têtes et une vers le milieu du sas. Les portes du milieu et celles d'aval qui fonctionnaient depuis l'époque de la construction (1838-39) ont été remplacées, en 1877, par de nouvelles portes en tôle. Ces dernières ont été construites et mises en place par la maison Joly, d'Argenteuil, sous la direction de MM. les ingénieurs de Lagrené et Cheysson.

Chaque vantail, sans ses organes de manœuvre, pèse à peu près 17 tonnes; il coûte environ 20,000 francs, mis en place, en y comprenant les mécanismes de manœuvre du vantail et de ses vantelles.

La planche VI représente l'opération assez difficile du levage et de la mise en place d'un vantail.

Pl. VII. — Écluse de la Boutonne.

La planche VII représente le barrage éclusé construit sur la rivière la Boutonne, à Bernouet, à environ 2,600 mètres en aval du pont de Saint-Jean-d'Angély.

L'écluse a 5^m,58 de largeur et 27^m,50 de longueur utile; son mouillage moyen est de 1^m,60. En très basses eaux, la tenue d'eau sur le buse d'aval est réduite à 0^m,50.

Le barrage accolé est composé de cinq vannes en charpente présentant chacune une largeur libre de 2^m,05, elles sont séparées par quatre piles en maçonnerie de 1^m,30 d'épaisseur.

Cet ouvrage a été terminé, en 1809, par MM. les ingénieurs Labretonnière et Navarre.

Pl. VIII. — Port de Javel.

Le port de Javel est situé sur la rive gauche de la Seine dans Paris, aux abords du viaduc du Point-du-Jour; il a été construit, en 1868-69, par MM. les ingénieurs Vaudrey, de Lagrené et Godot.

Il comprend :

1° Un port de bateaux sur 430 mètres de longueur ayant coûté 820 francs le mètre courant;

2° Un port de tirage sur 430 mètres de longueur ayant coûté 260 francs le mètre courant;

3° Un port de garage pour les bateaux-omnibus sur 220 mètres de longueur ayant coûté 400 francs le mètre courant.

Le mur du port à bateaux s'élève à 1^m,50 au-dessus de la retenue actuelle de Suresnes, c'est-à-dire à 3 mètres au-dessus de l'ancien étiage.

L'épreuve photographique de la planche n° 8 a été prise pendant la construction du mur du port à bateaux. Elle fait voir les batardeaux et les machines d'épuisement, et on aperçoit, au second plan, le viaduc du Point-du-Jour.

Pl. IX. — Pont de Ranville.

Le pont de Ranville a été construit, en 1878, sur l'Orne entre Caen et la mer à environ 10 kilomètres de Caen. Il donne passage au chemin de communication n° 12, de Moult au Bac.

Ce pont comprend deux travées de 28^m,50 de largeur chacune, desservies par un pont mobile dont les deux volées symétriques tournent sur une pile centrale portant un cercle de roulement de 6^m,50 de diamètre.

La pile fondée au moyen de l'air comprimé repose sur le rocher à 18 mètres au-dessous des basses mers. Le tablier mobile, parfaitement équilibré sur la pile, est facilement manœuvré par deux hommes pour permettre le passage des navires.

Le projet du pont a été dressé primitivement par M. l'ingénieur Vial, l'exécution a été confiée au service vicinal aidé de M. Castor pour la fondation de la pile, et à la maison Joly, d'Argenteuil, pour le tablier métallique. La dépense s'est élevée à environ 300,000 francs.

CANAUX DE NAVIGATION.

Pl. X. — Vue du canal latéral a la Garonne.

La planche X représente une vue prise du hameau de Lapointe, en aval de Moissac, elle embrasse à la fois ce port ainsi dire côte à côte une route ordinaire, un chemin de fer, le canal latéral à la Garonne et la Garonne. Dans le lointain on aperçoit le pont suspendu de Condol.

Cette partie du canal a été construite, de 1840 à 1844, sous la direction de M. l'ingénieur en chef Belin et de M. l'ingénieur ordinaire Bergis.

Le canal a 11 mètres de largeur au plafond et des talus à 2 de base pour 1 de hauteur avec banquette de 0^m,60 à 2^m,20 au-dessus du fond.

L'eau du canal est, en cet endroit, d'environ 10 mètres plus élevée que les eaux basses du fleuve.

Pl. XI. — Prise d'eau du canal latéral a Toulouse.

La planche XI représente la Garonne au point où elle est barrée dans Toulouse par la chaussée de Bazacle qui alimente plusieurs usines et qui offre plus de 4 mètres de chute.

Pour permettre à la navigation de communiquer d'un côté à l'autre de cette chaussée, l'archevêque de Loménie de Brienne, qui habitait Toulouse de 1763 à 1780, fit construire le canal de Brienne désigné plus souvent aujourd'hui sous le nom de canal Saint-Pierre. Ce canal a son origine à l'amont de la chaussée de Bazacle, sous une voûte elliptique que l'on voit vers la gauche de la planche, puis il débouche dans un bassin du canal du Midi qui se relie à la Garonne en aval de la chaussée.

Lorsqu'on a fait le canal latéral on a utilisé le canal de Brienne pour son alimentation. Sa largeur est de 17 mètres au niveau de l'eau et sa profondeur est de 2^m,20.

Pl. XII. — Jonction du canal du Midi et du canal latéral a la Garonne.

La planche XII représente le pont dit de l'Embouchure en tête duquel se trouvent les ponts jumeaux donnant passage au canal du Midi et au canal latéral à la Garonne, près de Toulouse.

Pl. XIII. — Écluses de Castets.
(Canal latéral à la Garonne.)

Les deux écluses accolées de Castets relient la Garonne au canal latéral. Le but qu'on s'est proposé, en adoptant une écluse double, a été de faciliter les mouvements des bateaux entrant et sortant.

Les deux écluses sont égales, elles ont 6 mètres de largeur libre, le bajoyer intermédiaire a 4 mètres d'épaisseur, la hauteur entre le radier et le couronnement est de 8 mètres, la longueur utile est de 30^m,33, la chute est de 4 mètres en étiage. Le bajoyer a 4^m,60 de largeur à la base et 3^m,60 au sommet du côté de la rivière, 4 mètres à la base et 1^m,56 au sommet du côté de la terre.

La construction a eu lieu, de 1848 à 1854, sous la direction de MM. les ingénieurs Couturier et Joly. La dépense a été de 190,000 francs, sans compter les portes qui ont coûté 26,000 francs.

Pl. XIV. — Souterrain de Malpas. (Canal du Midi.)

Le souterrain de Malpas a 120 mètres de longueur, 10 mètres de largeur et 8 mètres de hauteur. Il a été construit par Riquet, qui a donné ainsi le premier exemple d'un canal de navigation construit en souterrain.

Les difficultés à vaincre ont été de diverses sortes suivant le récit fait par Marragon, membre du Conseil des Anciens, dans la séance du 20 vendémiaire an V.

« Riquet, dit Marragon, eut beaucoup à souffrir de la part des contradicteurs et des envieux auxquels il ne répondit que par le calme que donne l'assurance du succès.

« Il fallait le voir surtout dans ces moments où l'envie et la calomnie répandaient partout l'impossibilité du passage de Malpas. Il reçut les ordres de la part de l'intendant de suspendre les travaux jusqu'à son arrivée. Riquet mit les ordres dans sa poche, réunit les ouvriers, perça la montagne en six jours et fit passer l'intendant par le souterrain pour lui apprendre que la difficulté était vaincue. »

Pl. XV. — Écluse octuple de Fonserannes.

L'écluse octuple de Fonserannes est un des ouvrages les plus considérables du canal du Midi.

Elle se compose de huit bassins ou sas accolés et fermés par neuf paires de portes busquées.

Sa longueur est de 297^m,50 pour une chute totale de 20^m,96.

Les portes de tête ont 2^m,80 de hauteur, les portes de mouille 4^m,88 et presque toutes les portes intermédiaires 4^m,55.

Pl. XVI. — Pont canal de Béziers.

Le pont canal de l'Orb à Béziers est composé de 7 arches principales en anses de panier de 17 mètres d'ouverture et de 7 mètres de montée, et a arches de secours en plein cintre de 4^m,36 de diamètre.

Les arches principales ont une largeur de 15 mètres d'une tête à l'autre, comprenant la cuvette du canal, sur 8 mètres de largeur, deux chemins de halage de 3 mètres chacun et deux parapets de 0^m,50.

Sur les arches de secours, la cuvette s'élargit au moyen de doucines pour venir se raccorder avec la largeur ordinaire du canal qui est de 18 mètres.

Dans ce pont, les chemins de halage sont soutenus sans porte à faux, les murs de la cuvette sont réduits à l'épaisseur voulue pour la résistance, et le reste étant évidé, on a formé sous les chemins des galeries longitudinales régnant sur toute la longueur du pont de manière à faciliter la surveillance et les réparations.

Les parois extérieures de ces galeries n'ont que 0^m,50 d'épaisseur; elles sont évidées au moyen de petits arceaux, sauf au-dessus des piles.

Cette substitution d'un parement très découpé aux parements lourds de certains ponts canaux, produit un très bon effet.

Le pont canal de Béziers a été construit, de 1854 à 1857, par MM. les ingénieurs Maguès et Simonneau.

La dépense s'est élevée à 839,613 francs.

PL. XVII ET XVIII. — RÉSERVOIR DE LAMPY.

(Canal du Midi.)

Le réservoir de Lampy a été construit, de 1776 à 1782, pour alimenter en été le canal qui relie le canal du Midi à la ville de Narbonne et au port de La Nouvelle.

Sa surface est de 23 hectares 52 ares. Sa plus grande profondeur est de 16^m,20, il contient 1,675,000 mètres cubes d'eau.

La retenue est formée par un mur en maçonnerie établi sur un mur de fondation de 12 mètres d'épaisseur et de 1^m,90 de hauteur, encastré dans le rocher vif.

Sa hauteur est de 16^m,20, et sa largeur, au couronnement, est de 5^m,20. Il est consolidé par 7 contreforts.

Le cube total de la maçonnerie est de 12,000 mètres cubes.

La dépense s'est élevée à 321,000 francs.

La manœuvre des eaux s'opère au moyen de vannes étagées.

Ce grand ouvrage a été construit par M. l'ingénieur Garipuy.

PL. XIX. — RÉSERVOIR DE SAINT-FERRÉOL.

(Canal du Midi.)

Ce grand réservoir, conçu par Riquet, sert à alimenter les biefs supérieurs du canal du Midi.

La première pierre fut posée, en avril 1766, en présence de l'archevêque de Toulouse, de l'évêque de Saint-Papoul et des deux intendants de la province du Languedoc.

Le réservoir contient 6,375,000 mètres cubes d'eau. Il a une surface de 67 hectares 22 ares, et sa profondeur atteint 31^m,35.

La digue qui contient les eaux a 800 mètres de longueur, elle est formée d'un remblai de plus de 100,000 mètres cubes coupé de trois murs et de 2 voûtes donnant ensemble 50,000 mètres cubes de maçonnerie.

Les terres sont préservées des corrosions par un perré de 0^m,35 d'épaisseur.

La manœuvre des eaux est réglée par trois robinets pouvant débiter jusqu'à 2^{mc},5 par seconde.

PL. XX. — ÉCLUSE DE SAINT-JULIEN.

(Canal du centre.)

Cette planche représente le canal du centre au passage du rétrécissement de la cuvette de la vallée de la Dheune, à Saint-Julien. On voit à gauche le barrage de la rivière et le bassin de réception des eaux venant de Montaubry, au milieu le canal et la route qui l'accompagne, à droite la rigole régulatrice des petits biefs de Saint-Julien.

Le canal et la route datent de 1782-92 (Gauthey).

Les écluses ont été élargies, en 1843, par le recoupement du pied des bajoyers pour recevoir des bateaux de 5 mètres; elles ont été allongées, en 1855, pour recevoir des bateaux de 30 mètres.

Le barrage de la Dheune a été construit, en 1860, comme dépendance du canal de Montaubry; il se compose d'un orifice de 5 mètres, fermé par trois vannes de 1^m,82 de hauteur et d'un déversoir de superficie de 6 mètres, avec aqueduc de fond en plein cintre, de 1 mètre d'ouverture et de 2 mètres de hauteur sous clef.

Sa chute est de 3^m,44. Il a coûté 30,000 francs et a été construit par MM. les ingénieurs Duverger et Sciama.

La rigole régulatrice, construite en 1865 par MM. les ingénieurs Lambert et Dureault, a coûté environ 63,000 francs. Elle a 1,800 mètres de longueur.

PL. XXI. — LES SEPT ÉCLUSES.

(Canal du centre.)

La partie du canal du centre, représentée par la planche XXI, date du premier établissement par Gauthey (1783-92). Les sept écluses rachètent une chute de 17^m,92 sur une longueur d'environ 900 mètres, à l'origine de la vallée de la Dheune au départ du col de Longpendu. Sur la rive gauche, on voit une route qui forme une dépendance essentielle du canal. En 1831, pour mieux assurer la tenue des six petits biefs dont il s'agit, on a construit une rigole régulatrice partant de la rigole de prise d'eau de Bondilly et aboutissant à l'aval de la 7e écluse dans un étang de dépôt. Cette rigole ne se voit pas sur la planche XXI, cependant elle s'y révèle par la chute d'eau de quelques-uns de ses déversoirs.

PL. XXII. — PONT CANAL DE LA BOURBINCE.

(Sur la rigole navigable de l'Arroux, canal du centre.)

La planche XXII représente une vue prise d'Amont pendant la construction du pont canal. Cet ouvrage composé d'une bâche métallique avec trottoirs en encorbellement comprend trois travées de 15 mètres, de 20 mètres et de 15 mètres, donnant ensemble 50 mètres d'ouverture libre; il a été construit de 1870 à 1873.

L'épaisseur des piles est de 1^m,84 au niveau du socle et de 1^m,50 sous le couronnement; leur longueur est de 11^m,34 au niveau du socle et de 11 mètres au niveau du couronnement.

La bâche métallique, de 55 mètres environ de longueur, présente une cuvette de 4^m,50 de largeur libre et de 2^m,30 de hauteur, le mouillage normal est de 1^m,50; les trottoirs ont deux mètres de largeur et reposent sur de petites voûtes en briques portées par des consoles. La partie métallique comprend 147,409 kilogrammes de tôle et 10,265 kilogrammes de fonte. L'ensemble de l'ouvrage a coûté environ 150,000 francs.

Les travaux ont été exécutés par le Creuzot, sous la direction de MM. les ingénieurs Chabas et Dureault.

PL. XXIII. — TRANCHÉE AUX ABORDS DU SOUTERRAIN DE POUILLY. (Canal de Bourgogne.)

Le souterrain de Pouilly (bief de partage du canal de Bourgogne) a été commencé en 1824 et terminé en 1830. Sa longueur est de 3,350 mètres, celle des tranchées aux abords est de 897 mètres du côté nord et de 917 mètres du côté sud. La largeur de la voie d'eau est de 6^m,70 dans les tranchées et de 6^m,20 dans le souterrain, le tirant d'eau est de 2^m,35.

La dépense totale du souterrain et des tranchées a été de 6,500,000 francs. Les travaux ont été dirigés par MM. Bonnetat, ingénieur en chef, et Lacordaire, ingénieur ordinaire.

PL. XXIV. — RÉSERVOIR DE GROS-BOIS.

(Canal de Bourgogne.)

Le réservoir de Gros-Bois a été établi, de 1830 à 1834, pour l'alimentation du canal de Bourgogne. Sa capacité est de 9,200,000 mètres cubes, sa superficie au niveau maximum de la retenue est de 100 hectares.

Le barrage a 550 mètres de longueur et 22^m,30 de hauteur au-dessus du radier de l'aqueduc de vidange.

Le cube des maçonneries est supérieur à 150,000 mètres cubes.

Les contreforts ont été établis à une date plus récente.

Le barrage a coûté environ 300,000 francs.

Les travaux ont été dirigés par :

MM. Bonnelat, ingénieur en chef, directeur;
Lacordaire, ingénieur en chef ;
Perrier, Collin et Payen, ingénieurs ordinaires.

Pl. XXV. — Pont canal de Saint-Florentin.

(Canal de Bourgogne.)

Le pont canal de Saint-Florentin a été établi sur l'Armance pour le passage du canal de Bourgogne.

La largeur du pont est de 11 mètres entre les têtes, il se compose de 5 arches en arc de cercle très surbaissées (0^m,80 de flèche pour 6 mètres d'ouverture).

La largeur de la cuvette est de 5^m,20.

Une écluse à forte chute (3^m,58) est accolée au pont.

Cet ouvrage, dont la dépense peut être évaluée à 150,000 francs, a été construit, à la fin du siècle dernier, sur les dessins de M. l'ingénieur Montfeu.

Pl. XXVI. — Pont aqueduc de Montreuillon.

(Canal du Nivernais.)

Le pont aqueduc de Montreuillon fait franchir la vallée de l'Yonne à la rigole qui amène les eaux dérivées de cette rivière au point de partage du canal du Nivernais.

Il est composé de 13 arches en plein cintre de 8 mètres d'ouverture, séparées par des piles de 2 mètres d'épaisseur. La longueur entre les extrémités des murs en retour est de 150^m,30. La hauteur de la partie supérieure de la plinthe, au-dessus du fond de la rivière, est de 33^m,67.

Cet ouvrage a été construit, en 1840-43, par M. l'ingénieur Charié; la dépense s'est élevée à 269,071 fr. 64.

Pl. XXVII. — Pont canal du Guétin.

(Canal latéral à la Loire.)

Le pont canal du Guétin fait passer sur l'Allier le canal latéral à la Loire. Il présente une longueur totale de 474^m,30 qui se décompose comme il suit :

Longueur du pont canal proprement dit	357^m, 00
Longueur de 3 écluses à la suite de la culée gauche .	108, 50
Longueur du pont sous la route nationale n° 76. . .	8, 80
Longueur totale	474^m, 30

Le pont canal proprement dit est formé de 18 arches en anses de panier.

Le radier général est à 0^m,71 au-dessous de l'étiage de l'Allier.

Les voûtes ont leur naissance au niveau de l'étiage et 7 mètres de montée, l'épaisseur entre l'intrados et la clef et le fond de la cuvette est de 1^m,59.

La hauteur entre le fond de la cuvette et le dessous des plinthes est de 2^m,10.

Les piles ont une épaisseur de 3 mètres au niveau des naissances; la largeur totale du pont est de 9^m,50.

La largeur de la cuvette, au niveau des trottoirs, est de 6 mètres; cette largeur se réduit à 5^m,60 au fond.

Chaque trottoir a 1^m,75.

Le projet présenté par MM. les ingénieurs Vigoureux et Helin a été exécuté, de 1828 à 1835, par MM. Vigoureux et Jullien.

La dépense a été de 3.113,000 francs.

Pl. XXVIII. — Pont canal de Barberey.

(Canal de la haute Seine.)

Le pont canal de Barberey a été construit, de 1842 à 1846, pour faire passer le canal de la haute Seine sur un bras de la Seine à environ 5 kilomètres en aval de Troyes. Il se compose d'une bâche en fonte reposant sur des arcs également en fonte, portés par 4 piles et 2 demi-piles faisant corps avec les culées.

Chacune des 5 travées a 8^m,40 d'ouverture, chaque pile a 1^m,40

d'épaisseur et 10^m,10 de longueur, y compris avant et arrière-becs.

La largeur de la bâche entre les plaques verticales est de 8^m,50.

Un bâti en charpente, établi de chaque côté, supporte une passerelle de halage; l'intervalle libre entre les passerelles est de 5^m,20. La hauteur entre le radier et la naissance des arcs est de 3^m,15; l'ouvrage a été construit par M. l'ingénieur en chef Lebasteur; il a coûté 349,000 francs.

Pl. XXIX. — Traverse de la ville de Troyes par le canal de la haute Seine.

Le canal de la haute Seine a une largeur de 12 mètres au plafond, dans la ville de Troyes qu'il traverse entre deux murs de quai, fondés sur un massif de béton de 1^m,60 de largeur et 1 mètre d'épaisseur. Les murs ont 2^m,60 de hauteur et présentent un fruit de $\frac{1}{40}$. Les quais ont 10 mètres de largeur.

Quatre ponts tournants existent sur le canal dans la traversée de Troyes.

Pl. XXX, XXXI, XXXII, XXXIII, XXXIV, XXXV, XXXVI et XXXVII. — Canal de Nantes à Brest.

Le canal de Nantes à Brest, dont divers ouvrages sont représentés sur les planches n°s XXX à XXXVII, relie la Loire à l'arsenal de Brest et traverse les départements de la Loire-Inférieure, du Morbihan, des Côtes-du-Nord et du Finistère; il passe du bassin de la Loire dans celui de la Vilaine, de celui-ci dans celui du Blavet et enfin du bassin du Blavet dans celui de l'Aulne; il se compose donc de trois canaux à point de partage dont les biefs culminants sont situés à Bout-du-Bois, à Hilvern et à Glomel. Le réservoir du Coron (pl. XXXVI) alimente le bief du Glomel et le réservoir de Bosméléac (pl. XXXVII) alimente le bief d'Hilvern.

La longueur du trajet total entre Nantes et Châteaulin est de 365, 666 mètres. Sur ce trajet on trouve 232 écluses dont 6 sont reproduites sur les planches n°s XXX à XXXV.

Commencé en 1806, le canal ne fut cependant ouvert qu'en 1833 entre Nantes et la Vilaine, et en 1838 sur le reste du parcours.

Depuis cette dernière époque on a continué à y faire des travaux complémentaires.

En 1868, la dépense totale s'élevait à 54,360,147 francs représentant une moyenne kilométrique de 151,000 francs.

Il nous serait difficile de nommer tous les ingénieurs qui ont pris part à la construction du canal de Nantes à Brest de 1806 à 1838.

Nous bornerons à citer les plus connus et les plus rapprochés de nous, ce sont MM. Lecor, Goury, Guichard, Lenglier, Robinot, Cottin de Melville, Jegou, Damar et Drœling.

CANAUX DE DISTRIBUTION D'EAU.

Pl. XXXVIII. — Aqueduc de Roquefavour.

L'aqueduc de Roquefavour a été construit sur la rivière d'Arc pour amener à Marseille les eaux de la Durance.

Sa longueur est de 393 mètres, sa hauteur maxima au-dessus de la base des socles est de 82^m,65, sa largeur au sommet est de 4^m,50. Il est à 3 étages : le premier étage comprend 12 arches de 15 mètres d'ouverture; le second comprend 15 arches de 16 mètres et le troisième 53 petites arches de 5 mètres.

La hauteur de l'étage inférieur de la base du socle à la première plate-forme est de 34^m,10.

Celle de l'étage intermédiaire d'une plate-forme à l'autre est de 37^m,60.

Celle de l'étage supérieur, de la deuxième plate-forme au sommet du parapet, est de 10^m,95.

La cuvette maçonnée en briques a 2 mètres de largeur au plafond, 2^m,30 en gueule et 2^m,40 de hauteur; elle a une pente de 0^m,006 par mètre.

Le cube total des maçonneries est de 66,650 mètres cubes environ, dont plus de 50,000 mètres cubes en pierres de taille.

La pression à la base des piles est de 14^{kg},68 par centimètre carré.

La dépense s'est élevée à 3,700,000 francs, soit environ 177 francs par mètre carré d'élévation.

Cet ouvrage a été projeté et construit, de 1841 à 1847, par M. de Montricher, ingénieur en chef des ponts et chaussées.

Pl. XXXIX. — Château-d'eau de Marseille.

La planche XXXIX représente le château-d'eau construit en tête du canal qui amène les eaux de la Durance à Marseille.

Ce monument, commencé en 1863 et fini en 1870, est l'œuvre de M. Espérandieu, architecte.

Le pavillon de droite renferme le Muséum d'histoire naturelle, le pavillon de gauche est affecté au musée des beaux-arts.

L'ensemble a coûté environ 5,000,000 de francs.

L'eau de la Durance, quoique un peu épurée quand elle arrive au château-d'eau, n'offre malheureusement pas encore la limpidité qui convient à une fontaine monumentale.

Pl. XL, XLI, XLII, XLIII, XLIV, XLV.
Dérivation de la Vanne.

La dérivation de la Vanne, terminée en 1875, a été établie, suivant les projets de M. l'inspecteur général Belgrand, pour amener à Paris 100,000 mètres cubes d'eau par jour. Diverses sources ont été captées à cet effet, et on a relevé, à l'aide de machines, le produit de celles qui émergeaient à un niveau trop bas. En temps de sécheresse le débit actuel peut se trouver réduit à 70,000 mètres cubes. Mais on va compléter ce que peut amener l'aqueduc de la Vanne en y amenant les sources de Cochepies.

La dérivation de la Vanne tire ses eaux du département de l'Aube, près d'Estissac, et vient aboutir au réservoir de Montsouris; sur ce long trajet, elle traverse des vallées nombreuses et offre une série de remarquables ouvrages d'art dont quelques-uns sont reproduits sur les planches désignées ci-dessus.

Les travaux de la Vanne ont coûté 40,000,000 de francs pour amener 100,000 mètres d'eau en 24 heures, soit 36,500,000 mètres cubes par an. Les frais d'entretien et ceux des machines de la vallée s'élèvent annuellement à 268,000 francs, et l'intérêt du capital engagé, calculé à 5 pour 100 est de 2,000,000. Le mètre cube d'eau de la Vanne revient donc à $\frac{2,268,000}{36,500,000}$=0',062. Le prix de revient du mètre cube d'eau du Dhuis est à peu près double (0',123), tandis que le prix de revient du mètre cube d'eau fourni par la machine hydraulique de Saint-Maur n'est guère que de moitié (0',0353).

Pl. XLVI, XLVII. — Distribution d'eau de Nice.

Avant son annexion à la France, la ville de Nice ne tirait son eau potable que de puits de médiocre qualité et de quelques fontaines tarissant en partie l'été.

Aujourd'hui la ville et les villas environnantes reçoivent d'excellentes eaux qui proviennent :

1° Des sources de Saint-Thècle et du Pré qui jaillissent à une altitude d'environ 150 mètres dans la vallée du Paillon, près du village de Peillon;

2° Des sources de la Sagne qui émergent dans la même vallée à une altitude d'environ 100 mètres près du pont de Peille;

3° Enfin de la nappe souterraine du Paillon dans le voisinage du village de la Trinité-Saint-Victor et dont les ouvrages de captage émergent à une altitude d'environ 56 mètres.

Les eaux de Saint-Thècle et du Pré sont conduites à Nice par un aqueduc de 14 kilomètres de longueur, à flanc de coteau, aboutissant à un réservoir qui sert de tête à la distribution pour le haut service, mais qui peut desservir aussi le bas service.

Les eaux de la Sagne et de la nappe du Paillon placées dans un conduite placée sous la route nationale de Nice à Turin, elles servent exclusivement au service bas.

À la sortie du réservoir du service haut les eaux sont distribuées, d'une part, par un aqueduc qui suit les coteaux placés à l'est de Nice, et, d'autre part, par un siphon traversant la vallée du Paillon et venant déboucher près de Cimiez, en tête des collines qui contournent la ville au nord.

En comptant ces canaux, la conduite supérieure atteint une longueur totale de 20,097 mètres, savoir :

Aqueducs libres (y compris galeries de captage). . .	14.874ᵐ
Siphons	4,410
Souterrains	813
Total	20,097ᵐ

Les conduites du service inférieur ont une longueur de 6,420 mètres, savoir :

Conduite de la Sagne (y compris galerie de captage)...	4,268ᵐ
Conduite de la nappe souterraine du Paillon (y compris galerie de captage)	1,856
Total	6,124ᵐ

Quant à la canalisation en ville, sa longueur atteignait 29,000 mètres en 1870, et elle a progressé depuis cette époque. L'ensemble de la distribution a été établi en vue d'un débit de 15,000 mètres cubes d'eau en 24 heures; l'aqueduc supérieur des sources de Saint-Thècle et du Pré est en béton de ciment de Grenoble, il a une forme ovoïde donnant intérieurement 1ᵐ,25 de hauteur et 0ᵐ,70 de largeur, son épaisseur n'est que de 0ᵐ,12, et sa pente est généralement de 0ᵐ,50 par kilomètre.

Son prix de revient par mètre courant a été de 58 francs, non compris les indemnités de terrains et sans tenir compte des siphons, tunnels et réservoirs. Un mètre cube de béton se composait de 540 kilogrammes de ciment, 0ᵐ,54 de sable et 0ᵐ,54 de gravier.

La planche XLVI donne une vue de cet aqueduc pendant sa construction.

La planche XLVI représente la tête d'aval du tunnel réservoir de Bon-Voyage. Ce tunnel a 402 mètres de longueur et peut contenir, sur une hauteur de 4 mètres, un volume de 8,000 mètres cubes d'eau.

À la tête d'amont du tunnel se trouve une chambre dans laquelle débouche l'aqueduc des sources de Saint-Thècle et du Pré, et qui renferme les escaliers d'accès et toutes les dispositions nécessaires pour assurer le remplissage et la vidange du réservoir.

Les travaux déclarés d'utilité publique, par décret du 9 février 1867, ont été projetés et exécutés sous la direction de M. Caméré, ingénieur des ponts et chaussées, assisté de M. Shenachele, conducteur des ponts et chaussées; les entrepreneurs ont été MM. Dumolard et Viallet, fabricants de ciment à Grenoble.

Pl. XLVIII. — Réservoir du Furens.

Le réservoir du Furens a été formé en barrant la vallée du Furens par un mur en maçonnerie d'environ 50 mètres de hauteur au droit du thalweg et de 100 mètres de longueur à son sommet.

Ce réservoir a pour objet : 1° de mettre la ville de Saint-Étienne à l'abri des inondations en retenant l'eau nuisible qui s'écoule par le torrent à la suite d'un orage; 2° de procurer de l'eau potable aux 100,000 habitants de la ville; 3° de faire en temps humide des réserves destinées à alimenter les usines pendant la saison d'étiage.

Étudié et construit, de 1861 à 1866, par MM. les ingénieurs Graeff, Conte-Grandchamp, Montgolfier et Delocre, le réservoir a coûté environ 1,600,000 francs dont 570,000 francs à la charge de l'État et le reste à la charge de la ville de Saint-Étienne.

Pl. XLIX. — Réservoir de Ternay.

Le réservoir de Ternay est construit sur la vallée de ce nom à environ 10 kilomètres en amont d'Annonay (Ardèche).

Un mur en maçonnerie de 36ᵐ,50 de hauteur retient les eaux d'orage et protège ainsi Annonay contre les inondations. Les lâchures faites en étiage assurent la marche des usines situées en aval.

La dépense s'est élevée à environ 1,000,000 de francs. Le mur formant barrage a été étudié et construit, de 1862 à 1866, par MM. les ingénieurs Krantz, Bougarel et Bouvier.

Pl. L. — Canal du Verdon.

Le canal du Verdon a pour objet l'irrigation des plaines voisines d'Aix, la mise en jeu d'usines et la distribution d'eau potable. Il a été concédé à la ville d'Aix par décret du 20 mai 1863.

La branche mère a son origine dans le Verdon, l'un des affluents de la Durance, à Quinson (Basses-Alpes). Son débit est de 6 mètres cubes par seconde, sa pente varie de $0^m,00019$ à $0^m,00030$ par mètre, dans les parties à ciel ouvert où sa section moyenne est de $10^{mq},50$; elle est de $0^m,0011$ dans les souterrains où la section se réduit à $4^{mq},78$.

Le périmètre arrosable comprend 9,155 hectares sur la commune d'Aix et 8,790 hectares sur les communes environnantes.

La force motrice utilisable est de 1,425 chevaux de 100 kilogrammètres, soit 1,900 chevaux-vapeur.

Les dépenses d'exécution du canal du Verdon s'élèvent environ à 15,000,000 de francs, non compris les intérêts du capital engagé.

Les travaux sont dus à MM. de Tournade, ingénieur en chef des ponts et chaussées et Bricka, ingénieur ordinaire.

La planche L représente le passage du canal au-dessus du Verdon, à environ 4 kilomètres de la ville d'Aix que l'on voit dans le lointain.

TABLE DES MATIÈRES

INTRODUCTION.   1

PREMIÈRE PARTIE. — NAVIGATION INTÉRIEURE.

CHAPITRE PREMIER.

HISTORIQUE DE LA NAVIGATION INTÉRIEURE EN FRANCE.

	Pages.		Pages.
Flottage	3	Période de 1800 à 1813.	5
Navigation en bateau.	3	Période de 1813 à 1830. — Traités de 1821 et 1822.	6
Invention des écluses.	4	Période de 1830 à 1838.	8
Canal de Briare (1604).	4	Période de 1848 à 1852.	8
Concessions diverses de 1638 à 1789	4	Période de 1852 à 1870.	8
Ordonnances pour protéger la navigation.	5	Dépenses pour la navigation intérieure de 1814 à 1870.	9
Période révolutionnaire de 1789	5		

CHAPITRE II.

CONSIDÉRATIONS SUR LES VOIES DE COMMUNICATION EN GÉNÉRAL.

Routes empierrées	10	Traction à la vapeur	16
Chemins de fer.	11	Alimentation des canaux.	16
Voies navigables.	11	Chômages.	16
Comparaison des prix de construction et d'entretien	11	Emploi de la navigation en temps de guerre	17
Frais de transport	12	Revenus généraux et spéciaux des voies navigables.	17
Avantages particuliers des voies navigables.	14	Nécessité de compléter le réseau. Voies et moyens.	18
Améliorations principales à apporter à ces voies.	15	Résumé du chapitre II.	18
Fâcheuse variété des types de voies navigables, type à adopter. . . .	15		

CHAPITRE III.

NAVIGATION SUR LES RIVIÈRES NON CANALISÉES.

Définitions. — Étiage. — Crues. — Hauteurs journalières.	19	Anciens pertuis de l'Yonne.	22
Pente des rivières	20	Réservoirs employés à relever le niveau de l'étiage.	23
Défense des rives	20	Rétrécissements	24
Chemins de halage	21	Dragages. — Enlèvement de matières vaseuses.	24
Ports fluviaux	21	Observations sur les sinuosités naturelles des rivières.	25
Gares	21	Embouchures des rivières.	26
Navigation par éclusées.	22		

CHAPITRE IV.

CANALISATION EN LIT DE RIVIÈRE.

Considérations générales sur la canalisation des rivières.	28	Manœuvres diverses d'un barrage à hausses.	37
Composition d'un barrage éclusé.	29	Données statistiques sur les barrages à hausses	39
Relation entre les barrages successifs d'un même cours d'eau.	29	Hausses à tambour (Système Desfontaines).	40
Hauteur et longueur des barrages.	29	Barrage de la Marne. — Description, manœuvres, prix de revient. .	41
Écluses.	30	Hausses à presses hydrauliques (système Girard)	43
Portes d'écluses.	32	Indication de quelques autres systèmes de barrages.	43
Barrages à fermettes (système Poirée).	33	Échelles à poissons dans les barrages.	44
Barrages à hausses (Système Chanoine)	35	Lignes télégraphiques le long des cours d'eau.	44

28

CHAPITRE V.

CANAUX ARTIFICIELS DE NAVIGATION.

	Pages.			Pages.
Canaux latéraux.	45		Canaux à point de partage	48
Tracé, profil en travers.	45		Tracé et alimentation.	48
Alimentation	46		Profil en long, écluses et autres travaux d'art.	49
Passage des affluents.	46		Étanchements.	49
Indication de quelques canaux latéraux.	47		Indication de quelques canaux à point de partage.	50

DEUXIÈME PARTIE. — ALIMENTATION EN EAU ET ASSAINISSEMENT DES VILLES.

CHAPITRE PREMIER.

CONSIDÉRATIONS GÉNÉRALES SUR L'EAU DES VILLES.

Travaux d'alimentation d'eau chez les Romains.	51		Distribution d'eau en Espagne	54
Distribution d'eau aux États-Unis d'Amérique.	43		Principes généraux relatifs à l'alimentation en eau des villes.	55
— en Angleterre	53			

CHAPITRE II.

TRAVAUX POUR RECUEILLIR ET AMENER LES EAUX.

Évaluation du volume d'eau utile.	56		Aqueducs des eaux potables.	58
Qualité des eaux potables.	56		Eaux destinées aux services publics.	58
Captage des sources.	57			

CHAPITRE III.

TRAVAUX RELATIFS A LA DISTRIBUTION DES EAUX DES VILLES.

Utilité des réservoirs, compartiments divers des réservoirs	59		Bornes-fontaines pour le service public	60
Diverses espèces de réservoirs.	59		Service privé.	61
Filtrage	59		Utilisation comme force motrice de l'eau d'alimentation.	62
Conduites de distribution	60			

CHAPITRE IV.

TRAVAUX D'ÉGOUT ET DE DRAINAGE DES VILLES.

Conditions d'un bon système d'égouts	63		Embranchements des maisons	63

CHAPITRE V.

UTILISATION DES EAUX D'ÉGOUT.

UTILISATION DES EAUX D'ÉGOUT.				65

CHAPITRE VI.

TRAVAUX RELATIFS AUX EAUX ET AUX ÉGOUTS DE PARIS.

Historique des eaux de Paris.	68		Usine hydraulique de Saint-Maur.	72
Dérivation de la Dhuis.	69		— du quai d'Austerlitz.	72
Réservoir de Ménilmontant	72		Historique des égouts de Paris.	73
Dérivation de la Vanne.	72		Système général des égouts actuels de Paris.	73
Réservoir de Montsouris	72			

TROISIÈME PARTIE. — EMPLOI DES EAUX POUR FERTILISER LES TERRES.

CHAPITRE PREMIER.

CONSIDÉRATIONS GÉNÉRALES SUR L'EMPLOI DE L'EAU EN AGRICULTURE.

Mode d'action de l'eau sur la végétation.	57		Historique des irrigations	76
Irrigation, limonages, colmatages.	75		Irrigations individuelles.	76
Phénomènes de la végétation.	75		Irrigations d'ensemble	76

CHAPITRE II.

APPROVISIONNEMENT DES EAUX D'IRRIGATION.

	Pages.			Pages.
Appréciation du volume d'eau nécessaire à l'irrigation	78		Réservoirs	79
Moyens de recueillir cette eau	78		Usage des lacs	80
Dérivations	78		Alimentation au moyen de machines élévatoires	80

CHAPITRE III.

TRAVAUX RELATIFS A LA CONDUITE DES EAUX D'IRRIGATION.

Canal principal	82		Canaux secondaires	83
Canal desservant à la fois la navigation, les irrigations et les usines	83		Modules et partiteurs	83
Pente et section du canal principal	83		Module ou compteur milanais	84
Ouvrages d'art du canal principal	83		Partiteur espagnol	84

CHAPITRE IV.

PRATIQUE DES IRRIGATIONS.

Arrosage par submersions	86		Arrosage par rigoles billonnées	86
— par rigoles horizontales	86		— par rigoles en pente	87
— par infiltrations	86			

CHAPITRE V.

COLMATAGES.

Indications générales	88		Principaux ouvrages nécessaires au colmatage artificiel	88
Colmatage naturel, colmatage artificiel	88		Endiguement et colmatage de la rive gauche du Var inférieur	89

QUATRIÈME PARTIE. — DESSÉCHEMENTS, DRAINAGE, INONDATIONS.

CHAPITRE PREMIER.

DESSÉCHEMENTS.

Historique des desséchements	91		Assainissement des Dombes	93
Procédés divers de desséchement	92			

CHAPITRE II.

DRAINAGE.

Historique du drainage	95		Profondeur des drains	96
Effets du drainage	95		Pente des drains	96
Terrains à drainer	95		Écartement des drains	97
Description sommaire du drainage	96		Dépenses d'exécution	97

CHAPITRE III.

TRAVAUX DE DÉFENSE CONTRE LES INONDATIONS.

Circonstances qui produisent une grande crue	98		Retenues sur les affluents	99
Grands cours d'eau de l'époque quaternaire	98		Protection des villes contre les inondations	100
Régime uniformément varié depuis l'époque quaternaire	98		Travaux de protection de Paris	101
Exhaussement et culture des vallées	99		Réservoir du Furens pour protéger la ville de Saint-Étienne	101
Origine et objet des endiguements longitudinaux	99			

TABLE DES 50 PLANCHES.

Planches.		
I. BARRAGE DE SEINEPORT (Haute-Seine).	XVII. RÉSERVOIR DE LAMPY *(Id.)*.	XXXIII. ÉCLUSE DE ST-NICOLAS (canal de Nantes à Brest).
II. BARRAGE DU PORT-A-L'ANGLAIS (Haute-Seine).	XVIII. *(Id.)* *(Id.)*.	XXXIV. ÉCLUSE DE ROHAN *(Id.)*.
III. BARRAGE DE PORT-VILLERS (Basse-Seine).	XIX. RÉSERVOIR DE ST-FERRÉOL *(Id.)*	XXXV. ÉCLUSE DE TREGNANTON *(Id.)*.
IV. *(Id.)* (Déversoir et ensemble du barrage).	XX. ÉCLUSE DE ST-JULIEN (canal du Centre).	XXXVI. BARRAGE DE BOSMÉLÉAC *(Id.)*.
V. *(Id.)* (Passe profonde entourée de ses batardeaux).	XXI. LES SEPT ÉCLUSES *(Id.)*.	XXXVII. BARRAGE DU CORON *(Id.)*.
VI. PORTES D'ÉCLUSE DE BOUGIVAL (Basse-Seine).	XXII. PONT-CANAL DE LA BOURIGNON *(Id.)*.	XXXVIII. AQUEDUC DE ROQUEFAVOUR.
VII. BARRAGE ÉCLUSÉ SUR LA BOUTONNE.	XXIII. TRANCHÉE AUX ABORDS DU SOUTERRAIN DE POUILLY (canal de Bourgogne).	XXXIX. CHATEAU D'EAU DE MARSEILLE.
VIII. PORT DE JAVEL, à Paris.	XXIV. RÉSERVOIR DE GROSBOIS *(Id.)*.	XL. AQUEDUC DE COURCOURONNE (dérivation de la Vanne).
IX. PONT-TOURNANT DE RANVILLE, à l'embouchure de l'Orne.	XXV. PONT-CANAL DE ST-FLORENTIN *(Id.)*.	XLI. TRAVERSÉE DE L'YONNE *(Id.)*.
X. CANAL LATÉRAL A LA GARONNE.	XXVI. PONT-AQUEDUC DE MONTREUILLON.	XLII. AQUEDUC DE CUY *(Id.)*.
XI. *(Id.)* PRISE D'EAU à Toulouse.	XXVII. PONT-CANAL DE GUÉTIN (canal latéral à la Loire).	XLIII. TRAVERSÉE DE L'ORGE *(Id.)*.
XII. JONCTION DU CANAL DU MIDI ET DU CANAL LATÉRAL A LA GARONNE.	XXVIII. PONT-CANAL DE BARBERRY (canal de la Haute-Seine).	XLIV. RÉSERVOIR DE MONTROUGE *(Id.)*.
XIII. ÉCLUSE DOUBLE DE CASTETS (canal latéral à la Garonne).	XXIX. CANAL DE LA HAUTE-SEINE DANS LA TRAVERSÉE DE TROYES.	XLV. SIPHON DE LA TRAVERSÉE DE L'ESSONNE.
XIV. SOUTERRAIN DE MALPAS (canal du Midi).	XXX. ÉCLUSE DE GUERLÉDAN (canal de Nantes à Brest).	XLVI. TÊTE DU TUNNEL RÉSERVOIR DE BON-VOYAGE (distribution d'eau de Nice).
XV. ÉCLUSES ACCOLÉES DE FONSERRANES (canal du Midi).	XXXI. ÉCLUSE DE JOSSELIN *(Id.)*.	XLVII. CONDUITE DE LA DISTRIB. D'EAU DE NICE.
XVI. PONT-CANAL DE BÉZIERS (canal du Midi).	XXXII. ÉCLUSE DE MALOKAN *(Id.)*.	XLVIII. RÉSERVOIR DU FURENS.
		XLIX. RÉSERVOIR DE TERNAY.
		XL. VUE DU CANAL DU VERDON, près d'Aix.

TABLE DES VIGNETTES.

Figures.	Pages.
1. Echelle hydrométrique	20
2. Perré fondé sur enrochements.	20
3. Coupe du port Henri IV, à Paris	21
4. Type d'une gare de protection pour les bateaux . .	21
5. Ancien pertuis fermé par des aiguilles.	22
6. Ancien pertuis fermé par des poutrelles.	23
7. Coupe du mur du réservoir des Settons.	23
8. Elevation du réservoir des Settons.	23
9. Petite drague à vapeur.	25
10. Embouchure de la Seine entre Quillebeuf et la mer.	26
11. Embouchure du Rhône et canal Saint-Louis.	26
12. Plan d'un barrage éclusé.	29
13. Profil en long de la canalisation de la haute Seine et de l'Yonne . .	30
14. Plan d'une écluse.	30
15. Coupe longitudinale d'une écluse.	31
16. Plan d'une écluse sur dérivation.	31
17. Porte d'écluse.	32
18. Barrage à fermettes et à aiguilles (système Poirée).	33
19. Barrage à hausses (système Chanoine), coupe. . . .	36
20. *(Id.)* *(Id.)* élévation.	36
21. Barrage à hausses, coupe de la passe profonde du port à l'Anglais.	37
22. *(Id.)* coupe du déversoir du *(Id.)*	37
23. *(Id.)* bateau de manœuvre pour le relèvement. . .	38
24. Barrage à tambour (système Desfontaines)	40
25. Coupe d'une passe navigable de la Maroc.	41
26. Barrage à prise hydraulique (système Girard), coupe .	43
27. Plan d'une échelle à poissons.	44
28. Coupe de *(Id.)*	44
29. Profil en travers d'un canal latéral.	46
30. Barrage et prise d'eau sur un affluent.	46
31. Aqueduc de décharge, coupe.	47
32. Aqueduc sous un canal, coupe.	47
33. Aqueduc sous un canal, coupe transversale.	47
34. Pont-canal avec écluse, élévation et coupe. . . .	47
35. *(Id.)* *(Id.)* plan.	48
36. Digue du réservoir de Montaubry.	48
37. Étanchement d'un canal.	48
38. *(Id.)* Coupe d'un étanchement en terre.	50
39. *(Id.)* *(Id.)* *(Id.)*.	50
40. Aqueduc du mont Pila.	52
41. Coupe de l'aqueduc du Croton.	53
42. *(Id.)* du l'aqueduc de Cochituate.	53
43. *(Id.)* de l'aqueduc du Potomac.	53
44. Aqueduc du lac Katrine. Plan.	54
45. *(Id.)* *(Id.)* Profil en long.	54
46. Profil en long d'une conduite forcée et d'un aqueduc.	58
47. Coupe du réservoir du Passy.	59
48. Fontaine de la place de la Madeleine, à Paris, élévation. . .	61
49. *(Id.)* *(Id.)* Plan.	61
50. *(Id.)* *(Id.)* plan au-dessus de la vasque. .	61
51. Fontaine de la place du Châtelet, à Paris	62
52. Profil de l'avenue de la Grande-Armée, avec égout et conduites. . .	64
53. Carte des irrigations de la plaine de Gennevilliers. .	66
54. Carte de la distribution des Eaux à Paris.	68
55. L'usine hydraulique de Saint-Maur, vue intérieure. .	70
56. *(Id.)* vue d'une roue.	70
57. *(Id.)* vue d'une turbine. . . .	70
58. *(Id.)* plan général.	71
59. Carte des égouts de Paris.	72
60 à 74. Types des divers égouts de Paris	74
75. Plan d'une prise d'eau avec partiteur pour irrigations. . .	76
76. Élévation de vannes de prise d'eau.	79
77. Plan de la prise d'eau en tête des canaux dérivés du canal des Alpines. . .	79
78. Manège de maraîcher.	80
79. Noria	80
80. Vis d'Archimède.	81
81. Roue à godets.	81
82. Machine oscillante du marquis de Caligny.	81
83 à 86. Profils-types de canaux d'irrigation. . . .	82
87 à 89. Plan, coupe et élévation d'un partiteur milanais. . .	84
90. Plan d'un arrosage, par billons.	87
91. Coupe d'un billon.	87
92. Plan de colmatages sur la rive gauche du Var. . .	89
93. Coupe en long de *(Id.)*	89
94. Coupe de la digue principale du Var.	89
95. Élévation d'une prise d'eau de colmatage à travers la digue principale. . .	89
96. Coupe de *(Id.)* *(Id.)*.	89
97. Coupe d'un fossé de drainage garni de pierres. .	95
98 à 101. Vues de tuyaux de drainage et de leurs assemblages. .	96
102. Tranchée d'un drain ordinaire.	96
103. Tranchée d'un drain collecteur.	97
104. Coupe d'un regard.	97
105. Plan d'un drainage.	97
106. Coupe indiquant l'exhaussement de la rive de la Seine, à Meulan. . .	99
107. Plan du réservoir du Furens.	102
108. Coupe de *(Id.)*	102
109. Coupe du mur du réservoir du Furens.	102

FIN DES TABLES.

BARRAGE DE SUNGONI

= BARRAGE DE PORT A L'ANGLAIS =

L'ARTISTIQUE ÉDITION PARIS
Tous droits réservés

* LES TRAVAUX PUBLICS DE LA FRANCE *

BARRAGE EN CONSTRUCTION A PORT-VILLEZ S/SEINE — DÉVERSOIR, VUE D'AMONT *

PHOTOGLOB NEPTUNE-PARIS
Tous Droits réservés

LES TRAVAUX PUBLICS DE LA FRANCE

BARRAGE A PORT-VILLEZ SUR SEINE — VUE D'ENSEMBLE PENDANT LA CONSTRUCTION D'UNE PASSE

6

ÉCLUSE DE BOUGIVAL · INSTALLATION D'UNE PORTE

L'ÉGLISE DE LA SORBONNE

« LES TRAVAUX PUBLICS DE LA FRANCE »

« PORT DE JAVEL »

LES TRAVAUX PUBLICS DE FRANCE

PONT TOURNANT DE RANCE

CANAL LATÉRAL À LA GARONNE

LES TRAVAUX PUBLICS DE LA FRANCE

PRISE D'EAU DU CANAL LATÉRAL À LA GARONNE

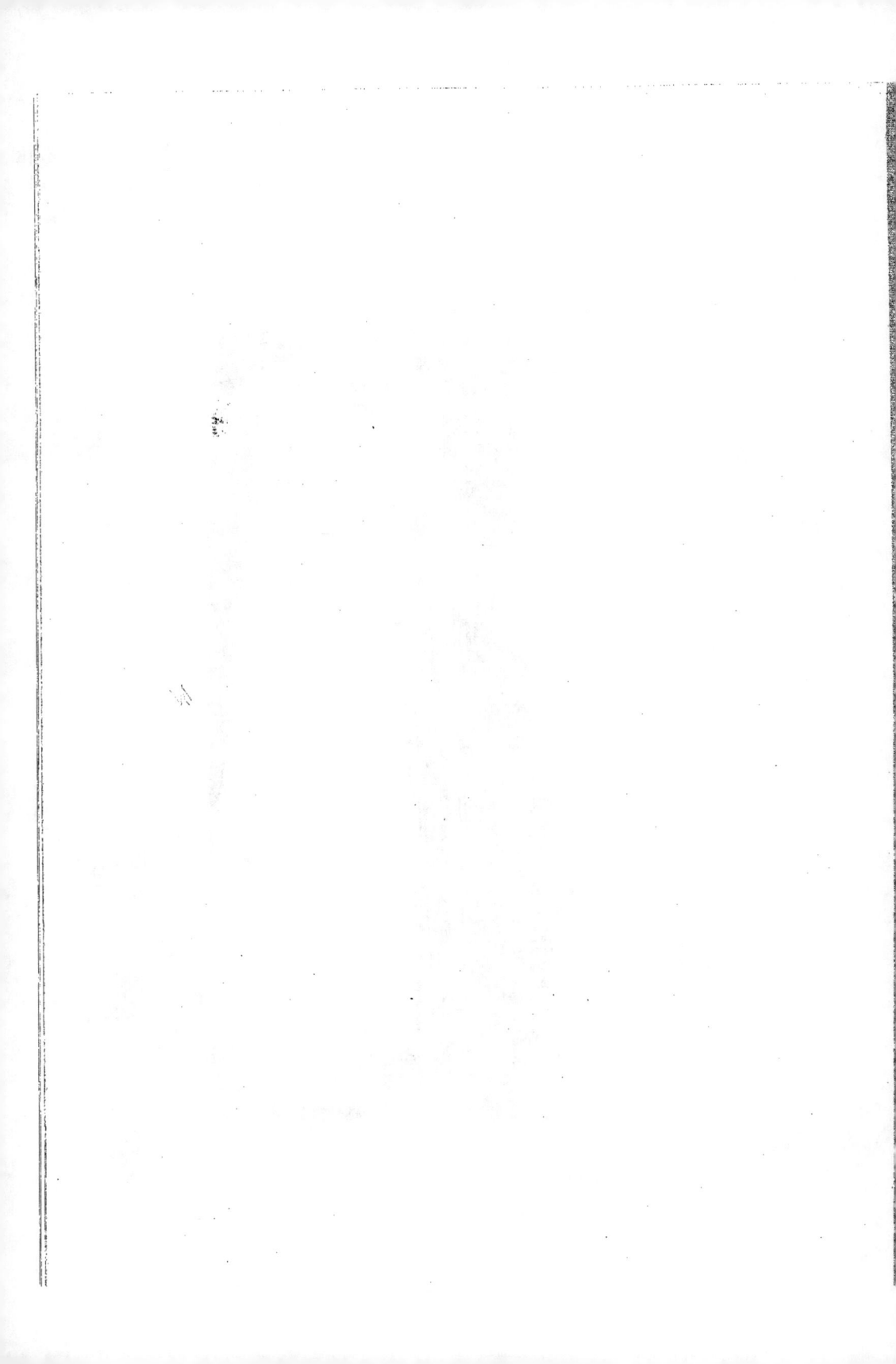

LES TRAVAUX PUBLICS DE LA FRANCE — L

JONCTION DU CANAL DU MIDI ET DU CANAL LATÉRAL À LA GARONNE — L

CANAL DU MIDI — SOUTERRAIN DE MALPAS

ÉCLUSES ACCOLÉES DE FONSERANNES

LES GRANDS ÉDITION DE LA FRANCE

PONT-CANAL DE BÉZIERS

CANAL DU MIDY. — RÉSERVOIR DE NAUROUZE. — 1.

« LES TRAVAUX PUBLICS DE LA FRANCE »

« CANAL DU MIDI. » RÉSERVOIR DE LAMPY »

LES BEAUX PAYSAGES DE LA FRANCE — 9

CANAL DU CENTRE A SEURRE — 7

LES TRAVAUX PUBLICS DE LA FRANCE

CANAL DU CENTRE - LES SEPT ÉCLUSES

TRANCHÉE DU SOUTERRAIN DE POUILLY

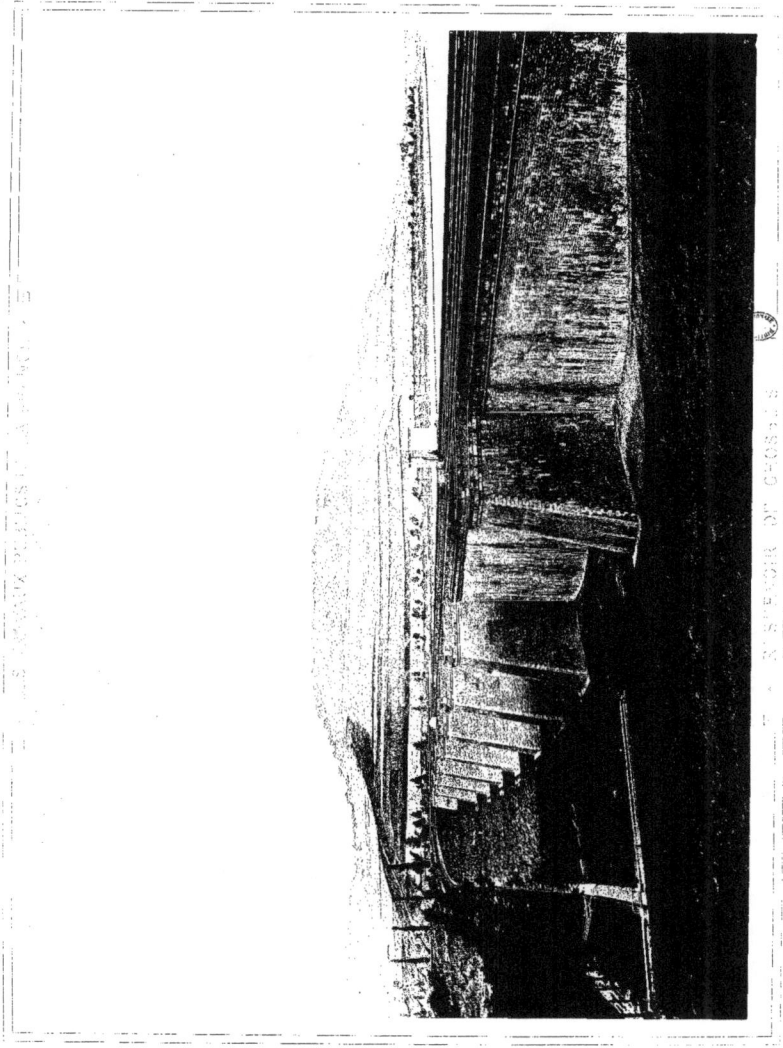

PONT-CANAL DE ST-FIRMIN

« AQUEDUC DE MONTREUITON »

PONT-CANAL DE BRIARE

CANAL DE LA HAUTE-SEINE A TROYES

LES TRAVAUX PUBLICS DE LA FRANCE

ÉCLUSE DE GUERLÉDAN

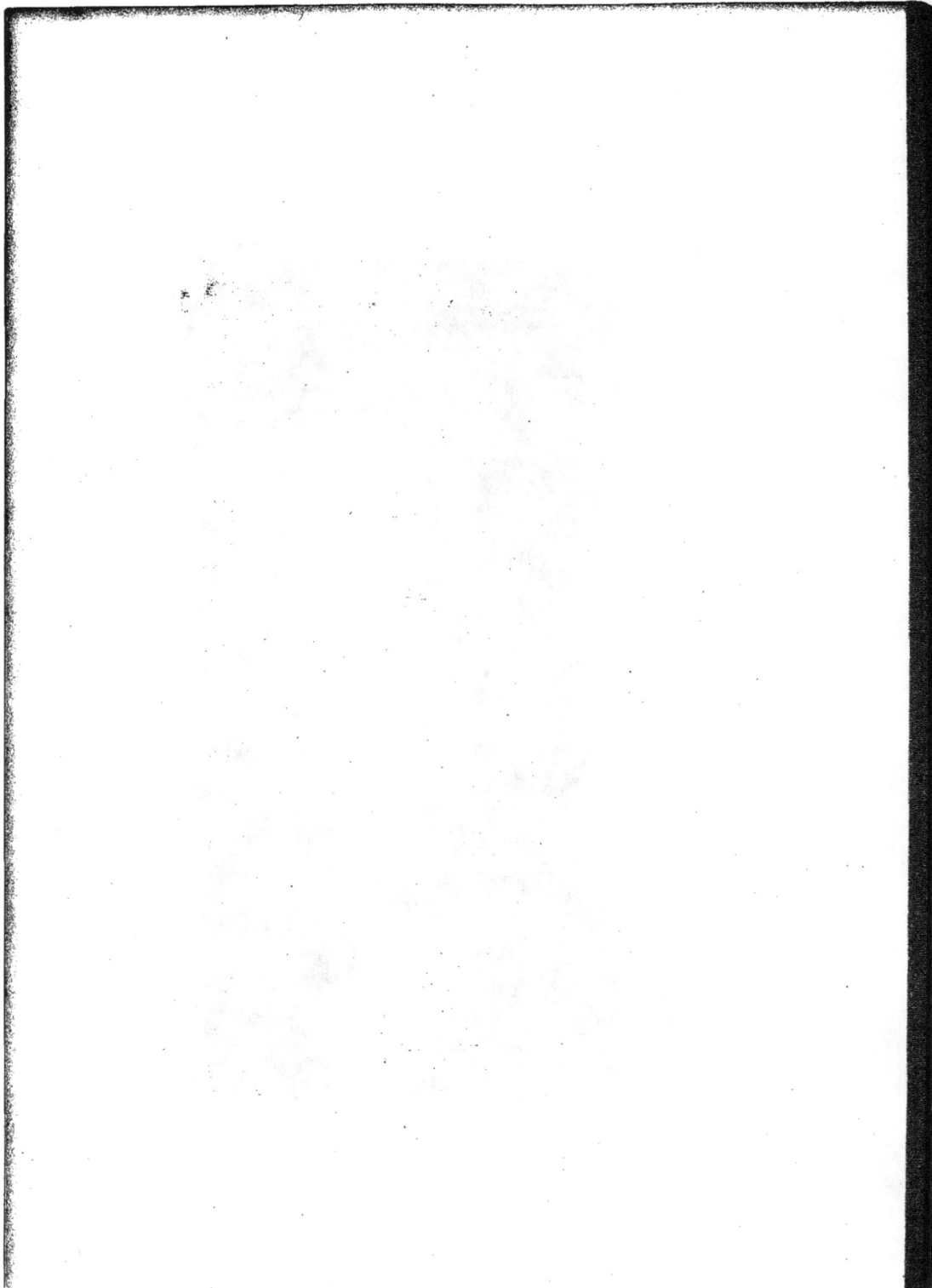

LES TRAVAUX PUBLICS DE LA FRANCE

ÉCLUSE DE JOSSELIN

ÉCLUSES DE LA VALLÉE DE MALVRAN

LES TRAVAUX PUBLICS DE LA FRANCE

ÉCLUSE DE St NICOLAS

L'ÉCLUSE DE ROYAN

LES TRAVAUX PUBLICS DE LA FRANCE · 5

ÉCLUSE DE TRÉGNANTON · 11

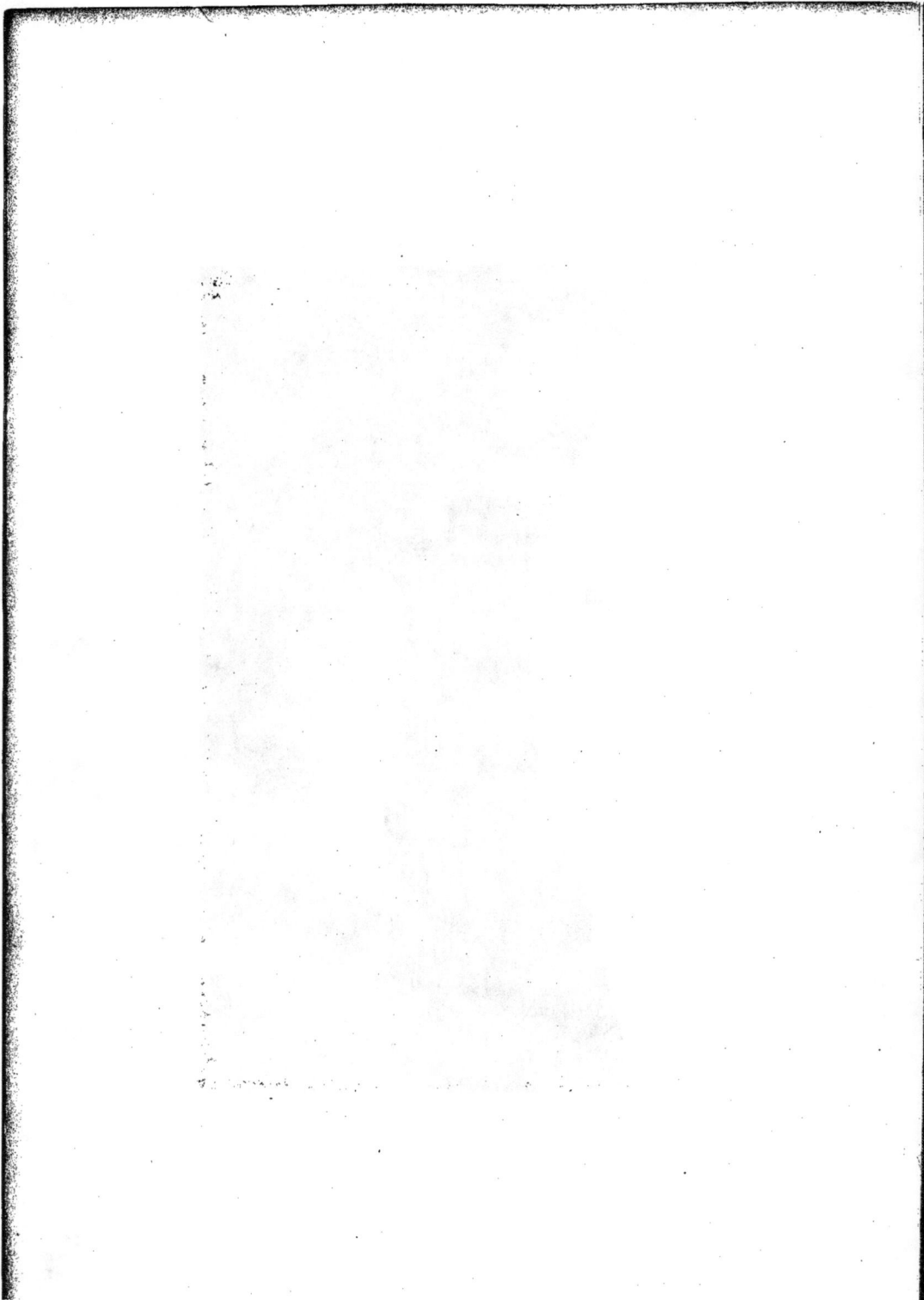

LES TRAVAUX PUBLICS DE LA FRANCE

BARRAGE DE BOSMELÉAC

BARRAGE DU CORON

J. ROTHSCHILD, ÉDITEUR, PARIS
Tous droits réservés

LES TRAVAUX PUBLICS DE LA FRANCE

AQUEDUC DE ROQUEFAVOUR

MARSEILLE - CHATEAU D'EAU DE LONGCHAMPS

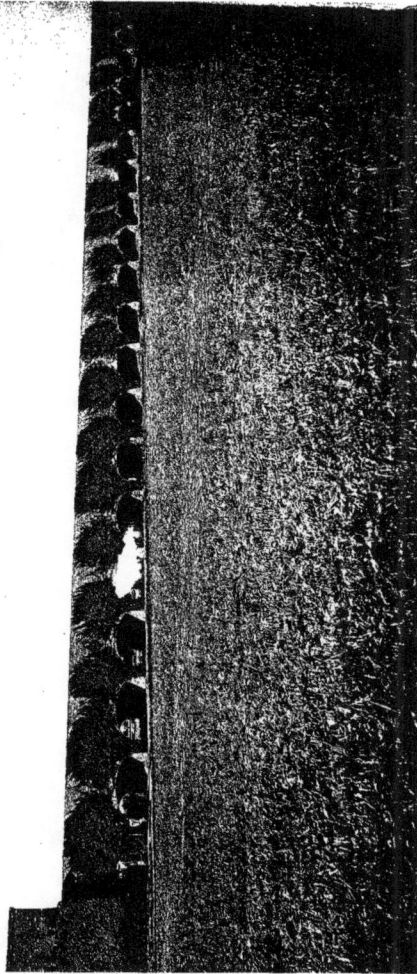

LES TRAVAUX PUBLICS DE LA FRANCE — 1

DÉRIVATION DE LA VANNE — AQUEDUC DE COURCOURONNE — 2

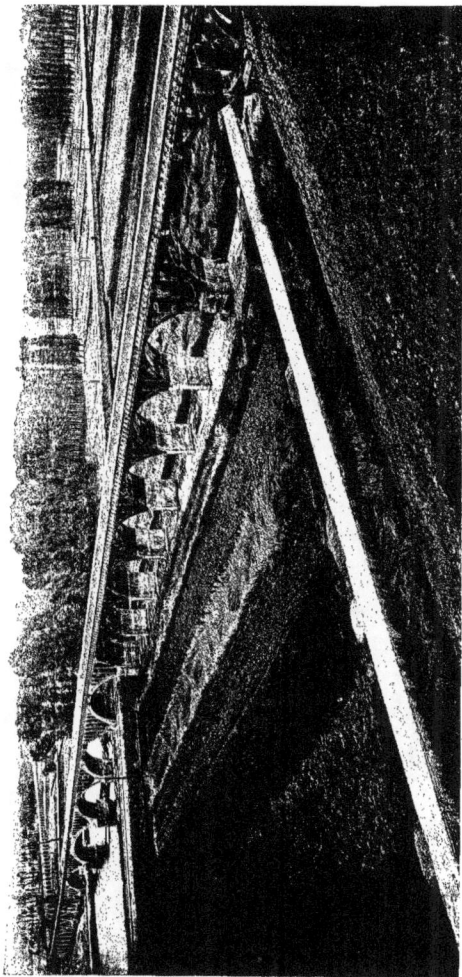

4 - LES TRAVAUX PUBLICS DE LA FRANCE - 4

5 - DÉRIVATION DE LA VANNE - TRAVERSÉE DE L'YONNE

LES TRAVAUX PUBLICS DE LA FRANCE

DÉRIVATION DE LA VANNE * ARCADES DE CUY *

LA DÉRIVATION DE LA VANNE — TRAVERSE DE L'ORB

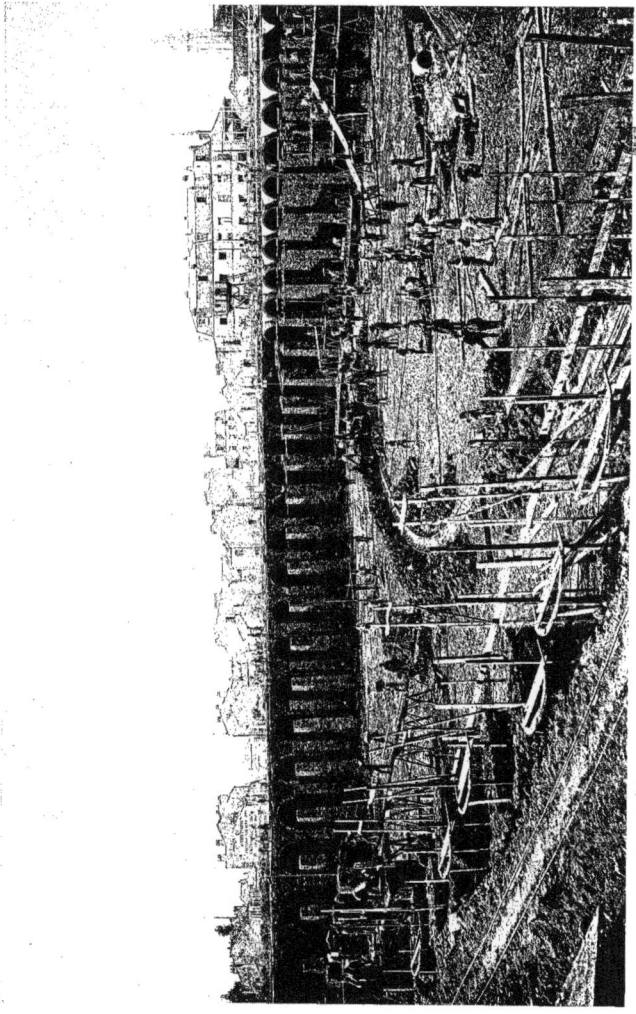

LES TRAVAUX PUBLICS DE LA FRANCE

DÉRIVATION DE LA VANNE — RÉSERVOIRS DE MONTROUGE

TRAVERSÉE DE LA VALLÉE DE L'ESSONNE

LES BEAUX COINS DE LA RUSSIE

CHÂTEAU D'EAU DU TUNNEL, RESERVOIR DE BON VOYAGE

« DISTRIBUTION D'EAU DE NICE » VUE D'UNE CONDUITE PRÈS DE MOULASSAN [?]

* BARRAGE DU TROU D'ENFER SUR L'AURENS *

LES TRAVAUX PUBLICS DE LA FRANCE

BARRAGE DE TERNAY

LES TRAVAUX PUBLICS DE LA FRANCE

CANAL DU VERDON

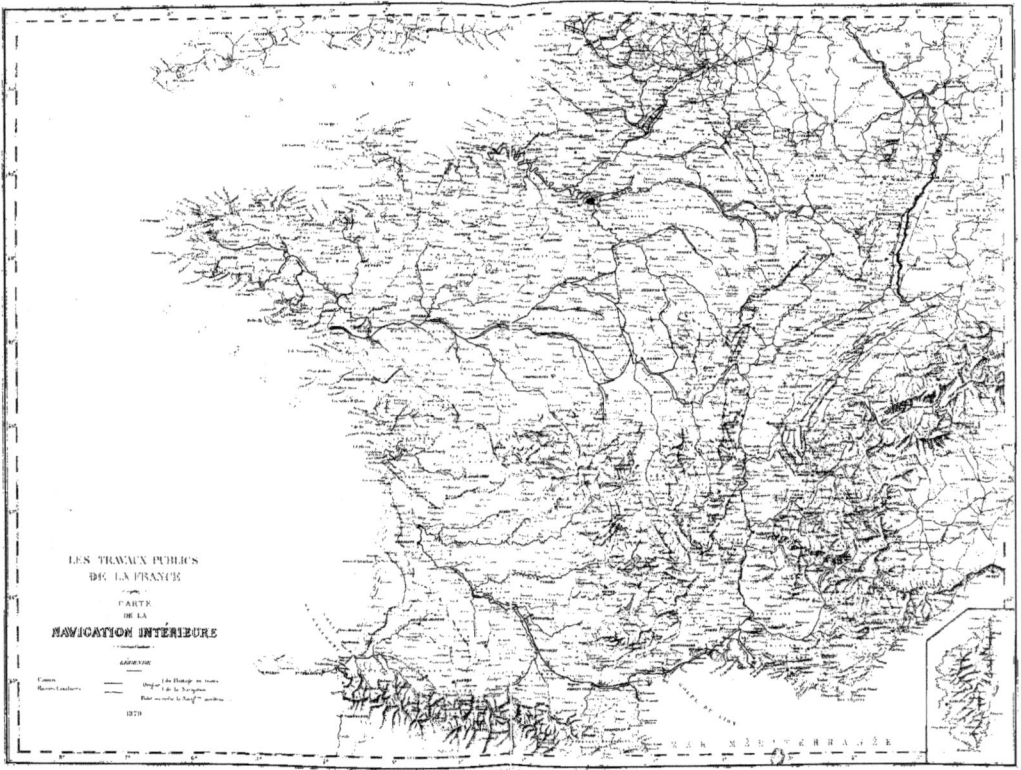

LES TRAVAUX PUBLICS
DE LA FRANCE

CARTE
DE LA
NAVIGATION INTÉRIEURE

LÉGENDE

1878

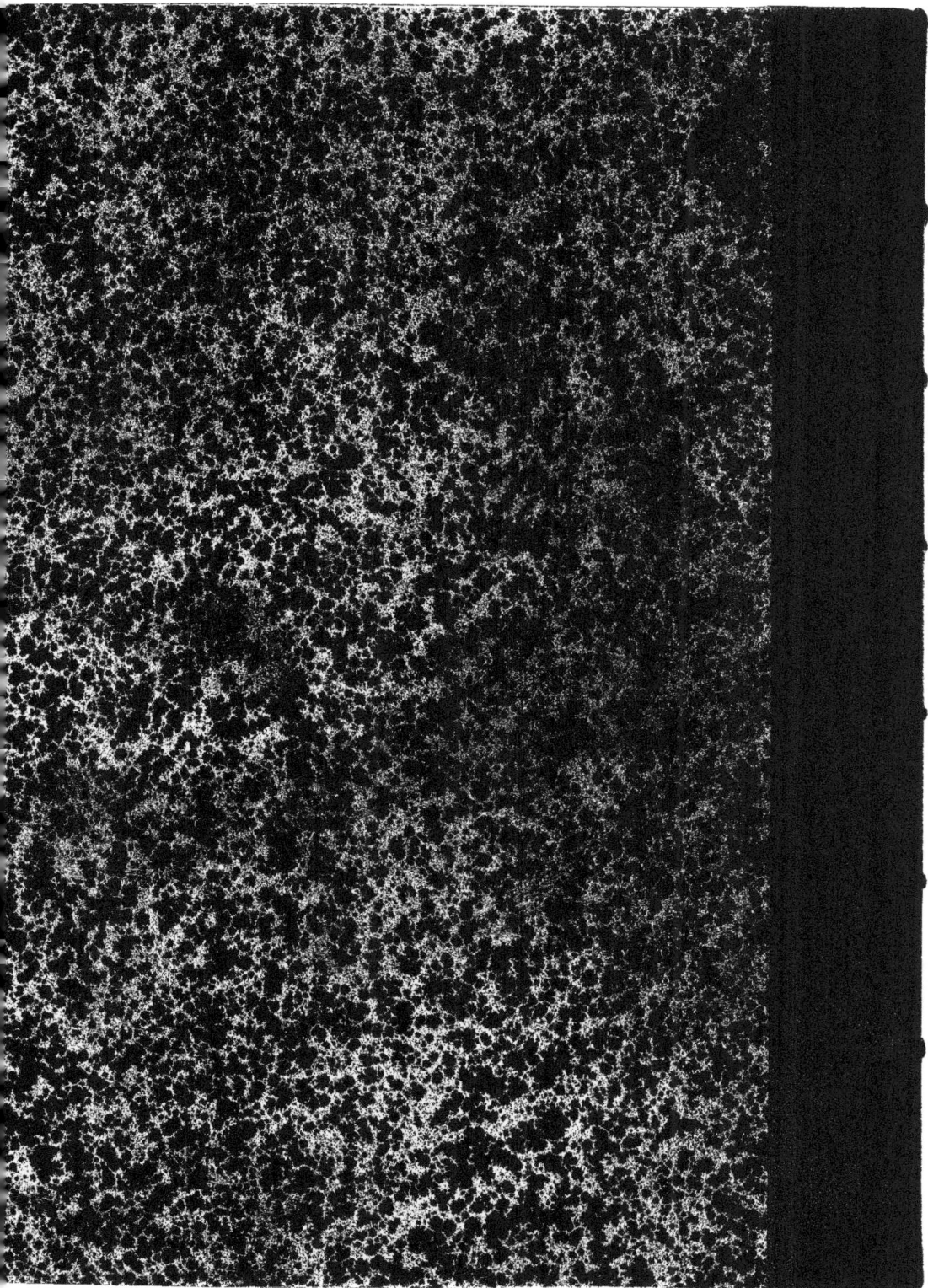

LES TRAVAUX
PUBLICS
DE LA FRANCE
—
3

R. DE LA BRUNE
—
RIVIÈRES
ET CANAUX

www.ingramcontent.com/pod-product-compliance
Lightning Source LLC
Chambersburg PA
CBHW071652200326
41519CB00012BA/2486